国企混改

理论、模式与路径

郑志刚◎著

中国人民大学出版社
·北 京·

PREFACE
序

国企改革无疑是中国当下最重要的公司治理问题。作为长期关注公司治理理论和实务的观察者和研究者，国企自然是我和我的团队十分重要的研究对象，而国企改革则成为非常重要的研究场景。事实上，鉴于国有企业在国计民生中的历史地位和特殊作用，国企改革一直是我国经济体制改革的主要内容，甚至成为我国 40 年改革开放的缩影。

2013 年新一轮国企改革的启动有其独特的现实背景。一方面，国企在 20 世纪 90 年代末改制带来的改革红利消失后陷入新的发展困境，很多国企成为“僵尸企业”或面临产能过剩所带来的效益下滑；另一方面，市场导向的经济转型进入新阶段后，公众对国资继续依靠垄断经营和高额补贴维持不公平竞争表示不满。从上述现实背景出发，新一轮国企改革以引入民资背景的战略投资者实现所有制的混合为典型特征，因而被形象地称为“国有企业混合所有制改革”，简称“国企混改”。

在一定意义上，我们可以把新一轮的国企混改理解为以往职工股份合作制和股份制改造所遵循的“资本社会化”逻辑的延续。然而，资本社会化的对象从职工到普通外部投资者，再到新一轮混改所强调的民资背景的战略投资者的事实表明，经过长期探索，国企改革的实践者开始意识到，解决国企的所有者缺位、经理人诚信责任模糊、预算软约束、多目标激励冲突和中国式内部人控制等痼疾，只有通过引入盈利动机明确和具有专业经营管理能力的战略投资者，使所有者“上位”，才能使国企从根本上改善治理结构，转换经营机制。而国有资产管理体制从以前“管人管事管企业”转为“管资本”则有助于推动引入战略投资者的所有制混合构架的最终形成。因此，我们欣喜地看到，经过 40 年的艰苦探索后，在国企改革问题上至少我们已经蹚出一条相对清晰的道路。如果能够继续沿着这一正确方向砥砺前行，不仅有望在以市场机制作为资源配置基础的制度条件下使混改成为我国实现国有资产保值增值目的的重要手段，而且包容和接纳民营资本、实现“竞争中性”的混改也有助于平抑公众对国资垄断经营和不公平竞争的不满，促进经济发展，营造社会和谐。

本书在全面梳理和总结理论界和实务界就国企为什么需要改革所达成的理论共识的基础上，首先为新一轮国企混改寻找理论基础。由于新一轮国企混改通过在股东层面引入盈利动机明确的民资背景的战略投资者这一产权安排实现方式来解决以往国企面临的所有者缺位问题，进而解决为经理人引入和设计激励机制的股东的长效激励问题，因而，现代产权理论依然是新一轮国企混改十分倚重的理论基础之一。如同出发点是揭示企业中权威如何分配，回应为什么投资者愿意购买股份公司发行的股票这一“现代股份公司之谜”的哈特的现代产权理论被我国学者认为是国企改制的理论基础一样，最初用来解决干预过度问题的“分权控制理论”成为我们今天新一轮国企混改的另一重要理论基础。分权控制理论的核心思想是通过引入新的投资者形成主要股东之间的竞争关系，建立一种自动纠错机制。

混改在实现路径上，一方面在实体经济层面引入民资背景的战略投资者，同时推行员工持股计划，实现分权控制；另一方面，在国有资产管理体制上通过新设或改组国有资本投资运营公司来实现从“管企业”到“管资本”的转变。在混改模式选择上，本书基于大量已经完成混改的案例观察与跟踪以及正在推进政策的实施效果评估，总结提炼了混改的可能实现模式和路径选择。在引入民资背景战略投资者进行混改的实现模式选择上，我们既可以选择基础战略性产业混改典范的“在股权结构层面国资占优，在董事会组织层面战略投资者占优”的“联通模式”，也可以选择非基础战略性产业混改典范的无论是股权结构还是董事会组织都是战略投资者占优的“北方信托模式”。混改成功的关键是能否解决参与混改的民营资本等战略投资者的激励相容问题，以有效保障民营资本的权益。国企混改的实质是以权益融资方式选择与谁分担不确定性。从钢铁行业的实践看，相比于银行、当地的同行、优秀的同行，优秀的具有一定民资背景的战略投资者是国企混改更为适当的不确定性分担对象。通过选择与优秀的战略投资者分担风险，国企混改一方面建立了全新的激励体系；另一方面还原了董事会原本的功能，实现了经营权与所有权的有效分离。在国企改革的实现模式选择上，我们强调，如同只有开放才能促进改革一样，只有“混”才能“改”，与其“并”不如“混”。

本书主体构架和资料素材来源于以下三个方面：一是我和我的研究团队围绕国企改革和国企公司治理问题开展的大量实证研究；二是我为 FT 中文网开设的“公司治理新视野”专栏以及《财经》《经济观

察报》等报刊撰写的大量国企改革专题评论文章；三是在规模不同、规格不同的国企改革的高端论坛和闭门研讨会等交流场合发表的主旨演讲和简短发言。我在撰写本书时围绕前述组织构架，对相关内容进行调整、取舍和补充，最终形成呈现在读者面前这一系统讨论国企混改的现实缘由、理论支撑、路径实现和模式选择的书。

在本书撰写过程中我受教于同很多国企企业家、政策制定者、国企改革专家和同行的讨论和交流。他们包括中国上市公司协会会长、中国企业改革与发展研究会会长、中国建材集团原董事长宋志平，国务院国资委研究中心原主任、中国产权协会董事分会会长楚序平，中国产权协会董事分会副秘书长徐旭红，中国企业研究院首席研究员李锦，国务院国资委研究中心研究员吕汉阳，北京上市公司协会秘书长余兴喜，中国社会科学院研究员剧锦文、鲁桐、仲继银，南开大学教授李维安、马连福、武立东，北京师范大学教授高明华，清华大学王娴、高皓，新华社记者王都鹏，《中国经济报告》编辑吴思，人民日报社《中国经济周刊》记者孙冰，《证券时报》记者江聃、孙琳琳，《董事会》编辑陈欣、谷学禹、严学峰，FT 中文网编辑冯涛，《财经》编辑何刚、陆玲，中国银行董事会秘书梅岩石，中国煤炭科工集团纪委书记秦永法，新兴际华集团有限公司董事会秘书刘其先，国家电网有限公司领导力开发研究中心主任吴向京，中石油王震、丁泉，包钢矿业刘振刚、吴雷等。在此向长期支持鼓励和帮助我围绕国企混改开展思考的各位师长与同行表示衷心感谢。

毫无疑问，本书仅是我对正在推进的国企混改的一些观察和思考，还存在不够成熟的地方，欢迎各位同行和读者不吝指正。

郑志刚

CONTENTS
目　录

导　论

第 3 章　国企混改的模式选择

第 4 章　国企混改的实现路径

第5章 国有资产管理体制改革

第6章 国企高管薪酬和激励制度改革

第7章 国企混改展望

导 论

为什么需要对国有企业进行改革?

国有企业改革是我国 40 年改革开放的缩影。过去的 40 多年，围绕股权结构的调整和相应的公司治理制度的变革国企先后经历了多轮改革。

2013 年以来启动的以所有制的混合为典型特征的新一轮国企改革的现实背景来自以下两个方面。其一是国企在经历了 20 世纪 90 年代末改制带来的改革红利消失后陷入新的发展困境，很多国企成为“僵尸企业”或面临产能过剩所带来的效益下滑。让我们回顾一下启动混改不久 2014 年国企的状况。根据中国企业联合会、中国企业家协会当年发布的我国企业 500 强榜单，在 500 强中出现了 43 家亏损企业，其中只有 1 家是民营企业，国有企业成为“重灾区”。亏损企业主要集中在煤炭、钢铁、有色化工、建材、水上运输等领域；300 家国有企业的亏损面高达 14%，42 家企业合计亏损 726.6 亿元，其中 10 家央企合计亏损 385.7 亿元；而 200 家民营企业仅有 1 家亏损，亏损额只有 5 000 万元。

其二是公众对国资继续依靠垄断经营和高额补贴维持不公平竞争表示不满。除了那些亏损的国企，部分盈利国企的高额利润长期以来与市场的垄断地位、政府的高额补贴以及由此形成的与民营企业的不公平竞争密不可分。而通过新一轮国企改革，参与混改的民资有望从中“分一杯羹”。同时通过国企混改，开启我国结构性改革之路，最终真正确立“竞争中性”原则，使市场在资源配置中发挥基础性作用。

正是在上述两方面的现实背景下，2013 年我国启动了新一轮以所有制混合为特征的国企改革，被形象地称为“国企混改”。

相比民企，国企经营效率偏低是不争的事实。围绕传统的国企经营效率长期低下的问题，伴随着国企经营管理实践的发展，学术界逐步形成以下理论共识。

第一，国有企业面临所有者缺位问题，使经理人原本清晰的诚信责任变得模糊。按照现代产权理论，股东一方面以出资额为限承担有限责任，可以为他的错误决策承担相应责任；另一方面股东通过股东大会集体行使所有者权益，以股东大会表决的方式对重大事项进行最后裁决。股东由此成为公司治理的权威，董事（含经理人）需要在法律上向股东负有包含忠诚和勤勉两项义务的诚信责任，通过自己的努力实现股东价值的最大化。在上述治理构架下，董事在法律上向股东负有诚信责任是相对清晰的。而清晰的诚信责任界定为司法实践法律对投资者权益的保护带来便利。

而在国企中，在所有者缺位的情况下，为经理人做出错误决策最后承担责任的是名义上属于国家的国有资本，而做出决策的却是并不需要承担最终责任的国企高管。弗里德曼有一个十分形象的说法：“花自己的钱办自己的事，既讲效率又讲节约；花自己的钱办别人的事，只讲节约不讲效率；花别人的钱办自己的事，只讲效率不讲节约；花别人的钱办别人的事，既不讲节约也不讲效率。”由于其模糊的诚信责任，所有者缺位的国企显然成为“花别人的钱办别人的事”的典型。

第二，金字塔式控股结构的存在延长了委托代理链条，使经理人在所有者缺位下已经模糊的诚信责任变得更加模糊。

我国国企置身于央企和地方国企的大大小小的金字塔式控股结构的企业集团中。金字塔式控股结构的形成一方面来自企业融资需求满足的组织制度设计需要，另一方面则与国企改制和产业结构调整过程中我国政府推出的一些特殊政策有关。每一层控股结构意味着在控股股东与所控制的公司之间形成一种委托代理关系；金字塔式控股结构的层级越多，委托代理关系链条越长越复杂。

在我国一些动辄七八层控股参股上千家法人机构的国企控股集团中，经理人除了向直接控股的上一级大股东负责外，最终能够为他做出的错误决策承担责任的国有资本如何保值增值，以及国有资本背后的“全民股东”的权益如何保障的问题往往并不在他的考虑之列。这使得在金字塔式控股结构下的国有资本每一层级中作为大股东代表的董事长往往成为该层级的实际控制人。伴随着金字塔式控股结构控制权链条的延长，所有者缺位导致的内部人控制现象由此变得更趋严重。

第三，预算软约束理论。近年来，“僵尸企业”、产能过剩等问题持续得到我国理论界与实务界的关注，并成为我国一段时期以来积极推行的供给侧结构性改革中的重要议题。然而，许成钢教授指出，“这些实际上都是非常老的问题，而且问题的产生完全在预料之中”。按照这一观点，“僵尸企业”、产能过剩其实就源于很多年前科尔奈提出的预算软约束。

所谓预算软约束指的是向企业提供资金的机构未能坚持预先的商业约定，而使企业借贷的资金远远超过实际盈利和偿还能力的行为。对于权益融资，“除非董事会做出承诺，否则发放股利不应该成为公司的一项义务”，因而进行权益融资的企业面临的是软约束。

与权益融资软约束不同，以银行贷款、发行企业债券等方式实现的债务融资使企业面临硬约束。如果不能按时偿还银行等债权人的本金和利息，企业将面临银行等债权人发起法律诉讼，乃至清算破产。但对于与政府天然具有政治关联的国有企业，出于保持就业、税收增长和维护社会稳定的需要，国有银行不仅不会将资不抵债的企业推向破产清算，反而会进一步追加贷款以挽救濒临倒闭的企业，从而使得原本硬的预算约束软化。这些做法被科尔奈形象地称为“国家父爱主义”。以历史上曾采用债转股的东北特钢为例。为了化解东北特钢债务危机，当地政府于 2016 年再度提出不涉及清偿的债转股计划，但由于遭到债权人的一致反对而被迫放弃。东北特钢债务危机最终由江苏民营钢铁大亨沈文荣控股而化解。我们看到，上述被媒体解读为“意外私有化”的做法实属当地政府为了一而再、再而三化解东北特钢债务危机所被迫选择的无奈之举。正是在上述意义上，政府干预下的债转股被认为是披着市场化运作外衣的预算软约束。

在我国资本市场上，还存在另外一种隐性的预算约束软化行为。一家经营管理不善的国有上市公司在股票被实施风险警示（ST）时往往会获得来自对其实施控股的国资控股集团公司的支撑。而被救助的上市公司在获得母公司的支撑救助后绩效依然长期得不到改善，甚至“越救越亏”，成为另类的“僵尸企业”。

成为“僵尸企业”和面临产能过剩所带来的效益下滑是本轮以混改为突破口的国企改革的现实背景和直接诱因。而“僵尸企业”、产能过剩的背后则是“国家父爱主义”下的软预算约束。软预算约束不仅是计划经济时代国营企业效率低下的原因，很大程度上同样是今天国有企业效益下滑的原因。从诞生之日起，国有企业始终无法摆脱这一问题的困扰。使国企真正成为自负盈亏经营实体的关键就是通过国资从“管企业”到“管资本”的变革，和其他社会资本一起共同承担风险，使混改后的企业真正成为市场经济中的竞争主体。

第四，“既管资本又管企业”治理模式下的多目标激励冲突问题。在完成股份制改造的国有企业中，我国中央和地方政府除了通过直接持有国有企业控制性股份，建立“管资本”这一国企控制途径外，同时还沿用国营企业时代自上而下的人事任免和国企领导晋升考核体系，延续“管企业”这一传统国企控制途径，从而形成“既管资本又管企业”的格局。除了由持有上市公司控制性股份的国资委全资的控股集团履行大股东的职责外，国企普遍采用由上级部门任命董事长和首席执行官（CEO）这一自上而下的董事遴选产生方式。虽然在程序上需要通过董事会的提名和股东大会的投票表决，但由于国企一股独大的股权结构和国资管理系统的政治经济影响力，相关程序很难对上级组织的相关任命构成实质性的影响和挑战。这使得董事长、CEO 和其他主要高管一方面需要按照公司法和公司章程对股东负有诚信责任，另一方面则需要同时按照政府官员管理程序接受上级部门和国资管理部门的监督和考核。

在上述制度下，国企高管倾向于积极实现职务晋升。通过"形象工程"和"面子工程"引起上级部门的注意，实现个人的政治晋升，成为个别国企高管在短暂的任期内重点考虑的问题。但这些"形象工程"从长期看将损害股东利益，成为我国制度背景下外部股东不得不负担的特殊的代理成本。因而，一些看似加强国企高管监督和激励的做法却使得国企高管行为出现了激励扭曲。

在上述"既管资本又管企业"的治理模式下，国资管理部门以任免考核董事长、CEO 和主要高管的方式直接参与"管企业"，这在一定程度上类似于把股东的所有者权益交由只能部分甚至无法承担责任的第三方来行使，从而也使国企股东与董事之间原本模糊的诚信责任变得更加模糊。能够承担决策责任后果的股东无法做出决策，而无法承担全部决策责任后果的第三方却有权做出决策。

更重要的是，当股东与所引入的第三方的利益发生冲突时，引入第三方将使董事处于多头负责的状态。例如，相比于民企，在“既管资本又管企业”的治理模式下，国企除了生产经营创造利润，还需要履行包括稳定物价、促进就业、增加税收、维护社会稳定等社会职责，甚至还需要参与扶贫等公益性活动，这使得国企置身于多任务多目标的经营管理状态。面对多头负责的状态，理论上，国企董事可以借口避免损害第三方利益而损害股东的正当利益，甚至以分别保护第三方和股东利益之名，行追求董事私人收益之实，使第三方与股东的利益都受到损害。正是在上述意义上，弗里德曼强调，“企业最大的社会责任是创造利润”。

我们认为，正是意识到以往国企“既管资本又管企业”的治理模式容易导致国企高管多目标下的激励冲突问题和股东与董事之间更加模糊的诚信责任，在新一轮国企改革中，国资管理部门明确提出由原来的“管企业”转变为现在的“管资本”的国企改革方向，用市场化选聘职业经理人的方式来代替原来的“自上而下的政府官员式”经理人更迭模式。

第五，国企以董事长为核心的“中国式内部人控制”问题。同样由于国企主要高管自上而下的产生机制，被任命为董事长的董事往往具有特殊的资历和身份。我们以恒丰银行前董事长蔡国华为例。在进入恒丰银行之前，蔡国华是烟台市委常委、副市长兼国资委党委书记。无论是作为恒丰的上级持股公司的烟台蓝天投资还是全资控股烟台蓝天投资的烟台国资委，对于曾经担任烟台市委常委、副市长兼国资委党委书记的蔡国华制衡力量十分有限。恒丰银行第一大股东不仅不会形成对以原董事长蔡国华为首的恒丰内部人控制行为的有效制约，反而成为其抗衡其他股东可能提出的否定议案的可资利用的力量，甚至向其他股东传递出，“想反对也没有用，因为我是第一大股东”的相反信号。恒丰银行后来发生的高管私分公款案、员工持股计划丑闻以及股权谜踪等都成为内部人控制问题的典型。

需要说明的是，发生在恒丰银行的内部控制人问题和英美等国传统意义上的内部控制人问题并不相同。后者是由于英美等国公司股权高度分散和向经理人推行股权激励计划，逐步形成经理人的壕沟效应，导致以股权激励对象的经理人为核心的内部人控制问题。而发生在恒丰银行的内部人控制问题显然并非由于股权高度分散和向经理人推行股权激励，而是由于国企高管自上而下的产生机制和董事长的特殊身份，并与我国资本市场制度背景下特殊的政治、社会、历史、文化和利益等因素联系在一起。我们把在我国资本市场独特制度背景下形成的以董事长而不是经理人为核心的内部人控制问题称为中国式内部人控制。中国式内部人控制是在我国资本市场制度背景下公司治理需要重点关注和解决的问题。

那么，我们如何描述同时面临预算软约束、模糊的诚信责任、多目标激励冲突和中国式内部人控制问题的国有企业呢？总结企业组织形式的演进历史，我们看到，存在两个发展维度。第一个维度是按照专业化分工程度，可以把企业组织类型分为低的专业化分工程度和高的专业化分工程度两类。由于现代股份有限公司的出现，资本社会化和经理人职业化所实现的社会分工带来的效率改善成为人类财富在过去250年实现大幅增长的重要原因之一，因而，股份有限公司是“近代人类历史中一项最重要的发明”（巴特勒语）。而所有权与经营权分离实现的专业化分工带来的效率改善是现代股份公司的实质体现。

第二个维度是按照代理问题是否严重而将企业组织类型划分为代理问题不严重和代理问题严重两类。现代股份公司在所有权与经营权分离的同时衍生出股东与经理人之间的代理冲突问题。

按照上述两个维度，我们可以将企业类型划分为表1所示的四种类型。处于左上的是社会专业化分工程度低，但代理问题并不严重的企业类型。家庭手工作坊是这类企业组织形式的典型例子。在家庭手工作坊，作坊主既是所有者同时也是经营者，专业化分工程度较低，生产效率相应较低。但由于家庭手工作坊所有权与经营权是统一的，并不存在外部职业经理人与股东之间的代理冲突，因而代理问题并不严重。处于右下的是专业化分工程度高，但代理问题严重的企业类型。在20世纪二三十年代的美国，很多公司在完成资本社会化与经理人职业化的专业化分工，实现效率改善的同时，并没有形成合理的治理结构。很多公司存在的代理冲突问题集中爆发，成为当时席卷全球的经济大萧条的重要诱因之一。

表 1 按照专业分工与代理严重程度划分的企业类型

	（既管资本又管企业）低的专业化分工程度	（外部融资、风险共担、职业经理人）高的专业化分工程度
代理问题不严重	家庭手工作坊（“新古典资本主义企业”）	建立良好公司治理结构的现代股份有限公司
代理问题严重	国有企业（长的委托代理链条与所有者缺位）	尚未构建良好公司治理结构的股份有限公司

处于右上的是专业化分工程度高，但代理问题并不严重的企业类型。在这些公司中，一方面是以资本社会化与经理人职业化为特征的高度专业化分工，另一方面是通过基于绩效的经理人薪酬合约设计与股票期权激励计划的推出，规模较小，以独立董事为主（甚至除了 CEO 为唯一内部董事外其余均为独立董事），董事长与 CEO 两职分离的董事会的构建，同时加强保护投资者权利的法律制度等的制度环境的建设，以此来解决经理人与股东之间的代理冲突。经过从 20 世纪二三十年代开始近百年的无数次公司治理革命的洗礼，今天很多股份有限公司成长为兼具高度专业化分工和良好公司治理结构的公司典范。

从两个维度四种企业类型的分类来看，处于左下的企业一方面所有权与经营权没有有效分离，“既管资本又管企业”，专业化分工停留在低级阶段，另一方面代理冲突严重。对照目前的一些国有企业，恰恰同时具备了上述两个特征。我国中央和地方政府除了通过国有资产管理链条“管资本”外，还通过自上而下的人事任免体系和对国企领导晋升考核事实上对企业经营产生实质性影响。此外，除了生产经营创造利润，国企还需要承担包括稳定物价、促进就业、维护社会稳定甚至扶贫等社会责任以及开展公益活动，使国企置身于多任务多目标的经营管理状态。种种“管人管事管资产”的制约和限制使得国企所有权与经营权无法真正分离，在企业组织形态上十分类似于“新古典资本主义企业”。与此同时，由于国有企业存在的所有者缺位和长的委托代理链条问题、以董事长为核心的中国式内部人控制问题、国有企业代理问题，国有企业既没有摆脱家庭手工作坊式的控制权对经营权的干预，无法利用社会专业化分工提高效率，又没有很好解决家庭手工作坊并不存在的代理问题，使得国有企业看上去像是存在代理问题的“新古典资本主义企业”。我们看到，由于预算软约束、模糊的诚信责任、多目标激励冲突和中国式内部人控制等问题的存在，国有企业往往在“红红火火满三年”后开始陷入“效益滑坡—连年亏损—债台高筑—政府‘拉郎配’式的并购重组—获得新生”的周而复始的恶性循环。

客观存在的上述划分企业组织类型的两个维度提醒我们，对公司治理政策目标制定，我们既要看到现代股份公司所有权与经营权分离所引发的代理冲突，又要看到资本社会化与经理人职业化这一专业化分工所带来的巨大效率改善。专业化分工（所有权与经营权分离）的效率改善是现代股份公司的实质所在，只不过衍生出经理人与股东之间的代理冲突。而传统公司治理文献过多关注现代股份公司在所有权与经营权分离过程中衍生的股东与经理人之间的代理冲突，在一定程度上忽视了由于上述分离所实现的专业化分工带来的效率改善。阿里巴巴的合伙人制度和京东的不平等投票权是通过创业团队的经营管理决策的专业化与外部分散股东分担风险的专业化实现专业化深度分工的积极探索和有益尝试。因而，现代公司治理正确的设计理念应该是如何在专业化分工实现的效率改善与代理成本降低之间实现平衡，实现股东和经理人的合作共赢。这一现代公司治理设计理念不仅适用于新经济企业的阿里巴巴和京东，也适用于正在积极推进混改的国有企业。如何通过混改，实现国企经理人的经营权与股东的所有权的有效分离，实现建立在经理人与股东之间专业化分工基础上的合作共赢是新一轮国企混改的题中应有之义。

作为新一轮国企改革的突破口，混改不仅是我国确立以市场机制作为资源配置的基础性制度条件下实现国有资产保值增值目的的重要手段，而且包容和接纳民资，实现“竞争中性”的混改有助于平抑公众对国资垄断经营和不公平竞争的不满。

国企混改的理论基础和改革的三个层面

应该说在国企改革 40 年中的绝大多数时间，引入战略投资者始终是国企改革的重心。我们时而强调股份制改造实现的资本社会化（例如，以“靓女先嫁”完成的部分国有企业上市），时而专注职工股份合作制的企业内部的资本社会化（例如，曾十分流行的职工股份合作制)。从国企面临的所有者缺位、预算软约束、模糊的诚信责任、多目标激励冲突和中国式内部人控制等诸多问题出发，更多强调民营资本背景战略投资者的引入的混改被再次寄予厚望，被视为本轮国企改革的重要突破口。

国企混改作为新一轮国企改革实践，其核心内容集中于以下两个层面。一是在实体经济层面，通过引入民资背景的战略投资者实现所有制的混合，改善治理结构，转换经营机制；二是在国有资产管理体制层面，从“管人管事管企业”向“管资本”转变，实现国资保值增值的目的。

如果从理论渊源回溯和文献脉络发展上寻找上述通过引入民资背景战略投资者进行国企混改的理论支撑，那么现代产权理论和分权控制理论二者共同构成了国企混改的理论基石。

(一) 现代产权理论

以 2016 年诺贝尔经济学奖得主哈佛大学哈特教授为代表的学者的现代产权理论始终是我国国企改革的理论基础之一。

从现实中的合约总是不够完全详备的视角出发，哈特指出，由于投资者担心在不完全合约下投资后会被敲竹杠，进行投资的激励就会不足。那么，如何鼓励投资者进行投资呢？哈特认为，只有使投资者成为所有者，享有对不完全合约未规定事项的剩余控制权，才能使投资者愿意进行投资。该理论很好地解释了虽然一个公众公司 CEO 并非一个投资者熟悉的人，但他却愿意投资该公司，成为该公司股东的“现代股份公司之谜”的问题。原因是在他购买公司股票成为股东之后，上市公司向他做出了他成为上市公司所有者，集体享有受法律保护的所有者权益这一可置信承诺。

哈特发展的现代产权理论一方面揭示了投资者之所以愿意成为股东背后的原因，另一方面则很好地回答了在现代股份公司雇员、供货商和社区等众多利益相关者中谁最有动力监督经理人的问题。在哈特看来，集体享有所有者权益的股东应该享有以下两项基本权利。一是剩余索取权。所谓的剩余索取权指的是对企业收入在扣除固定的合约支付（例如雇员的薪酬、银行贷款的利息等）后剩余的要求权，即成为所有者的股东受益顺序排在债权人、雇员等合同受益者之后，并以出资额为限承担有限责任。这是股东成为所有者需要承担的义务。受益顺序排在其他利益相关者之后，意味着承担风险的股东比其他利益相关者更加关心企业的经营状况。承担风险的股东由此成为现代股份公司中众多利益相关者中盈利动机十分明确，主动参与公司治理意愿强烈的群体。这是新一轮国企混改希望通过引入盈利动机明确的民资背景的战略投资者以解决以往国企的所有者缺位和模糊诚信责任问题背后的动机。

二是剩余控制权。所谓的剩余控制权指的是在（不完全）合约中没有特别规定的活动的决策权，即股东对（不完全合约中尚未规定的）重要事项在股东大会上以投票表决的方式进行最后裁决。这是成为所有者可以享有的权利。剩余控制权赋予股东对（不完全合约中尚未规定的）重要事项通过在股东大会上表决的方式进行最后裁决的权力。这意味着与其他利益相关者相比，股东不仅有动机而且有法律保障的权力来监督经理人。而集体享有所有者权益的股东由于一方面以出资额为限能够承担公司未来经营风险，另一方面通过在股东大会上投票表决对公司发展重大事项进行最后裁决，因而股东成为公司治理的权威。

新一轮国企混改正是通过在股东层面通过引入盈利动机明确的民资背景的战略投资者这一产权安排方式来解决以往国企面临的所有者缺位问题。这些新引入的民资背景战略投资者一方面与国资共同承担企业未来经营的风险，另一方面这些战略投资者可以借助股东会和董事会等治理平台，积极利用法律保障的能力来监督经理人，使公司治理的权威重新回归到股东，实现国企向现代企业制度的转化。产权安排在新一轮国企混改中之所以重要，根源在于它解决了对于为经理人引入和设计激励机制的股东的长效激励问题。因而，现代产权理论依然是新一轮国企混改十分倚重的理论基础之一。

（二）分权控制理论

从解决国有企业普遍面临的所有者缺位问题的目的出发，在现代产权理论的指导下，40 年的国企改革实践围绕如何实现资本社会化至少经历了以下三个阶段的艰苦探索和有益尝试。

第一阶段是早期通过股份合作制实现资本社会化阶段。我国的股份制企业是对计划经济体制下的传统国有企业或集体企业的改造逐步建立和发展起来的，职工持股可以说是我国国企股份制改革的起点。通过股份合作制，国企员工同时成为持股的股东，资本在企业内部实现社会化。

第二阶段是通过上市和股份制改造实现资本社会化阶段。上市和股份制改造使资本社会化突破企业内部，实现全社会范围内的社会化。国企股份制改造直接推动了 20 世纪 90 年代我国资本市场的建立。部分经过重组资产优良的国有企业得以优先上市，建立了规范的公司治理构架，使国企开始朝现代企业制度迈进。厉以宁教授名噪一时的“靓女先嫁”理论就是在当时的背景下提出来的。

对于那些通过上市完成资本社会化的国有上市公司，在 2015 年我国资本市场进入分散股权时代之前的很长时期，作为控股股东的国资往往持有控制性股份，形成“一股独大”的治理范式。尽管上市公司作为优秀企业的代表已经在现代企业制度的创立和公司治理规范上迈出了至关重要的一步，但散户无法有效参与公司治理和形成股权制衡的结果是，国有控股上市公司的长期业绩表现低于对照的上市民企。那些没有上市完成资本社会化的国企，缺乏权力制衡的治理构架使其效率低下，业绩表现更加糟糕。

针对已经完成资本社会化的国有上市公司和尚未上市的国资公司治理存在的缺乏权力制衡和有效监督的状况，新一轮国企混改明确提出，把引入民资背景的战略投资者实现所有制的混合作为国企改革实现资本社会化的重点。由此，目前正在积极推进的国企混改是我国 40 年国企改革资本社会化路径的第三阶段。

不同于以往国企改革强调通过股份制改造实现的资本社会化，新一轮国企混改特别重视和强调引入民资背景的战略投资者实现“所有制的混合”。因而，除了一般意义上支持包括引入民资背景战略投资者的资本社会化的现代产权理论，我们还需要为国企混改寻找特殊的理论支撑。

如同出发点是揭示企业中权威如何分配，回应为什么投资者愿意购买股份公司发行的股票这一“现代股份公司之谜”的哈特的现代产权理论被我国学者认为是国企改制的理论基础一样，最初用来解决干预过度问题的分权控制理论成为今天新一轮国企混改另一重要理论基础。

分权控制理论的核心思想是防范一股独大下的监督过度问题。通过引入新的投资者，形成主要股东之间的竞争关系，建立一种自动纠错机制，不仅可以有效地避免大股东一股独大容易导致的监督过度和决策失误，同时可以形成对经理人的制约，避免内部人控制问题。这一理论为我国国企如何通过混改引入战略投资者，解决目前面临的种种问题提供了很好的政策建议，因而我们把分权控制理论理解为新一轮国企混改十分重要的理论基础之一。

2015 年的万科股权之争标志着我国资本市场开始进入分散股权时代，国有上市公司主要股东之间分权控制的制度环境已经形成。国企未来公司治理可以依靠主要股东之间的竞争缓解以往一股独大的股权结构下国有大股东“既管资本又管企业”

的监督过度问题，又可以一定程度上抑制所有者缺位下的中国式内部人控制问题。

新一轮国企混改通过引入民资背景战略投资者，以彼此认同股东地位的方式再次帮助股东重新回归到作为公司治理权威的法律地位，使作为受托人的董事与全体股东之间的法律诚信责任变得清晰。公司董事需要严格履行忠诚义务和勤勉义务来使所有股东，而不是部分股东的价值最大化。

在国企混改实践中，围绕如何解决国企普遍存在的所有者缺位、预算软约束、多目标冲突以及中国式内部人控制等问题，应该通过以下三个层面的改革来积极推动国企改革，使国有企业成为真正的现代企业。第一个层面是在股东层面，通过引入盈利动机明确的民资背景的战略投资者，重新确立股东在公司治理中的权威，使缺失的所有者“上位”。前面的分析表明，在过去 40 年国企改革经历的三个阶段中，我们一度试图通过推出股份合作制让成为股东的员工和通过股份制改造引入外部分散股东，使缺失所有者“上位”。然而，上述两个阶段的改革看似通过资本社会化引入了股东，但并没有使他们成功“上位”，来代替缺失的所有者，更好地履行监督受托的董事。而新一轮国企混改十分明确地提出引入盈利动机明确的民资背景的战略投资者，形成股权制衡的分权控制，因而具备了在更深层次解决国企所有者缺位问题的可能性。这是新一轮国企混改中需要予以重点明确的方向。

我们看到，混改引入的民资背景的战略投资者首先将成为其参与决策可能发生错误的风险分担者。在引入战略投资者后，风险在包括战略投资者在内的股东之间进行了分担。这避免了以往决策错误不得不最终由来自纳税人的财政补贴埋单的局面，使得原本软化的预算约束逐步硬化起来。其次，战略投资者形成的权力制衡成为做出错误决策的重要纠错机制。盈利动机明确的战略投资者及其委派的董事代表会阻止主要股东做出使其自身利益可能受到损害的商业决策。

国企混改的第二个层面是，在国有资产管理体制层面，通过新建和改组投资运营平台，从国资委“管人管事管企业”到通过投资运营平台“管企业”。这一改革既可以避免国资委监管者与经营者角色的冲突问题，又可以通过国资委角色的转换，促进确立股东在公司治理中的权威地位，助力国企所有者缺位问题的解决。

国企混改的第三个层面是，在控股结构层面，扁平化金字塔式结构，使反映责任能力的现金流权与反映影响力的控制权相匹配。金字塔式控股结构引发诸多社会（贫富差距扩大）、政治（官商勾结）、经济（隧道挖掘、资本运作和小股东的投机性）问题。而金字塔式控股结构存在所延长的委托代理链条直接加剧了所有者的缺位，成为中国式内部人控制问题形成的制度诱因之一。从为国企混改解决所有者缺位等目标营造外部改革环境和消除金字塔式控股结构自身弊端的改革目的出发，中国资本市场也许是向金字塔式控股结构说“不”的时候了。

国企混改的实现路径

虽然提出了压缩国企控股链条的改革目标，但目前阶段更多是提高管控效率，并没有必然与形成国企混改外部资本市场环境，根本解决国企所有者缺位问题的混改目标联系在一起。我们认为，对于金字塔式控股结构的消除在理论和实践上形成共识还需要很长的时间。因此，目前国企混改主要围绕股权结构调整和国有资产管理体制的理顺这两个层次的混改展开。为了实现上述两个层次的混改目的，在混改实践中，我们逐步形成了以下三条实现路径。

路径之一：在实体经济层面引入外部投资者

在实体经济层面引入外部投资者的力度与该国企所处的产业是否属于基础战略性产业密切相关。应选择不同产业的国企进行分类改革。对于基础战略性产业，即使大比例引进外部投资者，国资依然需要保持控股；而对于那些非基础战略性产业，则可以让渡控股权给民资背景的战略投资者。国企混改由此在实体经济层面引入外部投资者的混改路径选择上存在两种典型模式。一是被誉为“央企混改第一股”的“联通模式”；二是天津地方国企混改实践的“北方信托模式”。前者既是央企混改的案例，也是基础战略性产业国企混改的案例，后者则是地方国企混改和非基础战略性产业国企混改的典型案例。

2017 年 8 月在吸引包括中国人寿和百度、阿里巴巴、腾讯、京东（BATJ）等战略投资者持股 35.19% 后，联通集团持有中国联通的股份从之前的60%下降到36.67%。在混改完成后的中国联通的股权结构中，民资背景的战略投资者腾讯和百度分别持有中国联通5.18%和3.3%的股份。但除联通集团外，该公司其他五大股东的持股比例均远低于联通集团在该公司中的持股比例。根据《上市公司收购管理办法》第八十四条第二款的规定，联通集团继续拥有本公司的控制权。

在联通混改引入的战略投资者中，国资背景的中国人寿持股10%，超过腾讯、百度等民资，成为这次联通混改引入的最大战略投资者。性质是国有投资运营公司的中国国有企业结构调整基金在这次混改中持有中国联通8.96%的股份。此外，中国联通向核心员工授予约8.5亿股限制性股票。

除了联通集团持股中国联通36%超过代表"一票否决权"的敏感设计，国企背景的中国人寿和中国国有企业结构调整基金等战略同盟军的加盟，以及几家民企背景的互联网巨头的竞争关系远大于合作关系等事实，不难让读者形成在股权层面混改后的联通依然由国资控股的判断。这不仅是由于联通是大型央企，更重要的是，它是处于基础战略性产业的央企。

我们知道，盈利动机明确的民资背景战略投资者只有在自身权益得到充分保障的前提下才有动力参与国企混改。那么，中国联通的混改是如何做到使BATJ这些战略投资者面对处于控股地位的联通集团，激励相容，依然愿意参加混改呢？

混改后中国联通新一届董事会的揭晓给出了答案。在2018年2月8日完成的中国联通新一届董事会组织中，除了董事会规模由过去的 7 人扩大为现在 13 人外，8 名非独立董事中，5 名来自中国人寿、百度、阿里巴巴、腾讯、京东等战略投资者。李彦宏、胡晓明等“商业明星”进入联通新一届董事会。其中，持股 3% 左右的百度拥有联通董事会 8 名非独立董事候选人中的 1 名，占比 12.5%，成为非控股股东超额委派董事的典型例证。在股东层面处于控股地位的联通集团，在中国联通董事会中，通过接纳更多来自战略投资者委派（甚至超额委派的）董事，使战略投资者的利益至少在董事会层面得到兼顾，弥补了股权结构依然一股独大下战略投资者利益无法得到有效保护的不足，战略投资者在一定程度上变得激励相容。因而，允许战略投资者超额委派董事，以保障战略投资者利益，成为中国联通在保持联通集团在股权层面维持控股地位的前提下使民资背景的投资者激励相容，愿意参与混改的重要经验。从中国联通混改案例中，我们看到，只有使混改参与各方的利益得到充分保障，彼此激励相容，才能使各方真正做到合作共赢，混改才可能最终获得成功。

我把中国联通的混改经验总结为以“在股权结构组织层面上国资占优，但在董事会组织中战略投资者占优”为特征的混改的“联通模式”。“在股权结构组织层面上国资占优”这一特征是由中国联通所在的基础战略性产业的属性决定的，联通集团甚至在必要时可以利用控制性股份行使“一票否决权”；而在主要涉及日常经营管理决策的董事会层面则需要更多倾听像李彦宏等商业精英的意见。二者的结合很好地体现了我们强调的公司治理理念的转变：公司治理应该逐步从单纯强调保障股东权益的传统理念向在保障股东权益和鼓励创业团队围绕业务模式创新进行人力资本投资之间平衡的全新理念转变。

在实体经济层面引入外部投资者的另一典型和代表性的模式是天津地方国企北方信托的混改实践。

2018 年 11 月 20 日，天津北方国际信托股份有限公司混改项目正式签约，标志着天津市第一家国有控股股份制非银行金融机构混改项目的完成。成立于 1987 年 10 月的北方信托是中国最早组建的信托公司之一。

通过混改，北方信托成功引入日照钢铁控股集团有限公司、上海中通瑞德投资集团有限公司、益科正润投资集团有限公司三家民营企业新股东，合计受让 50.07% 的股权。其中，日照钢铁持股 18.30% 成为第一大股东，上海中通持股 17.65%，益科正润持股 14.12%。原第一大股东国资背景的泰达控股股权稀释至 17.94%，降为第二大股东。事实上，从混改酝酿阶段，北方信托就明确“不谋求控制权”。在相关混改文件说明中，北方信托明确提出，“无论是民企单一持股占比，还是民企整体持股占比，都将是绝对控股地位”。我们看到，“不谋求控制权”的混改模式很大程度上是一些地方政府为了摆脱并非处于基础战略性产业的地方国企在财务和经营上出现的困境而不得不采取的务实举措。出于同样的理由，“不谋求控制权”也许未来会成为地方政府对于非基础战略性产业的国企混改普遍采取的做法。

北方信托新的第一大股东日照钢铁仅持股 18.30%，略高于持股 17.94% 的第二大股东泰达控股 0.36%，比持股 17.65% 的第三大股东上海中通也仅高 0.65 个百分点。以微弱优势成为第一大股东的日照钢铁获得推荐董事长的权力。我们看到，尽管日照钢铁将委派董事长，但未来的北方信托在公司治理实践中将成为股权制衡的典范。第一大股东日照钢铁及其委派的董事长将不仅受到来自国资背景泰达控股的监督，也有来自民资背景上海中通和益科正润等股东的监督。

相比较而言，对于处于非基础战略性产业的北方信托，无论在股权结构设计还是董事会组织上似乎都要比中国联通混改更加彻底，较好实现了国企混改从“管人管事管企业”到“管资本”角色转变的目的。成为第二大股东的国资背景泰达控股未来更多是以投资者身份和制衡力量参与北方信托的公司治理。

路径之二：在实体经济引入外部投资者的同时推出内部员工持股计划

国资委、财政部和证监会于 2016 年 8 月联合下发了《关于国有控股混合所有制企业开展员工持股试点的意见》，鼓励混改的国有企业同时推出员工持股计划，改善治理结构，转换经营机制。员工持股计划作为中国联通混改方案的“最后一块拼图”于 2018 年 3 月 21 日推出。中国联通向包括董秘和财务负责人在内的 7 855 名公司中层管理人员、核心管理人才和专业人才授予不超过 84 788 万股限制性股票，约占当时公司股本总额的 2.8%。

路径之三：在国有资产管理体制改革上，通过国有资产的资本化，实现从“管企业”到“管资本”的监管职能转变。

“管资本”就是改革经营性国有资产的实现形式，由实物形态的国有企业专项价值形态，转变为可以用财务语言清晰界定，有良好流动性，可以进入市场运作的国有资本。通过设立或改组作为“政府和市场之间的界面”的投资运营机构和对原国有企业的公司制改造，实现“国有资产的资本化”。国有资本投资运营机构成为国资委监管对象，经过国有投资运营机构的隔离，国资委由此与国有资本投资运营公司参与投资的实体企业不再有直接产权关系，也无权穿越投资运营机构干预其投资的公司，政企分开顺理成章。

从 2016 年开始，国资委开始在国投、中粮、神华、宝武、五矿、招商局、中交、保利等 8 家进行试点，把诸如资产配置、薪酬分配、市场化用人、体制改革等 18 项原属国资委的权力下放到国有资本投资运营公司（产业集团公司）。国资委同时确定中国诚通和中国国新 2 家新的国有资本运营公司。

我们以来自天津的实践为例来揭示在国有资产管理体制改革上，如何通过国有资产的资本化，实现从“管企业”到“管资本”的监管职能转变。天津按行业大类先后成立津联（对应制造业）、津诚（对应非制造业）和国兴（对应高新）三家国有资本投资运营公司。天津市国资委于 2017 年 7 月设立注册资本为 120 亿元人民币的国有独资公司天津津诚国有资本投资运营有限公司，负责非制造业国有企业国有资产的资本化后的投资和运营。2018 年 4 月 19 日，天津市国资委将所持有的天房集团等 100% 股权按照经备案的评估值注入天津津诚国有资本投资运营有限公司。经过上述机构设立和资产处置，理论上，对于天津市国资委，未来将以津联、津诚和国兴等国有资本投资运营公司作为国资监管对象，与经营实体天房集团等不具有直接的产权关系，从而实现从以往“管人管事管资本”向“管资本”的转变；对于天津津诚国有资本投资运营有限公司，它将与通过混改引入天房集团的战略投资者，共同以股东的身份参与相关的公司治理；对于天房集团，则通过公司制改造，实现国有资产的资本化，在多元股东和利益相关者的权益制衡下，通过股东会和董事会来实现有效公司治理，形成现代企业制度。

从钢铁行业实践看混改实现模式的选择

如果说企业日常经营涉及的债务融资决策主要涉及风险，那么，今天的国企混改更多地涉及通过引入战略投资者完成的权益融资，使各方股东共同分担不确定性连在一起。因而新一轮以混合所有制改革为主题的国企改革，很大程度上演变为选择与谁分担不确定性的问题。接下来，我们通过钢铁行业的混改实践来揭示国企混改国资究竟应该选择与谁分担不确定性。

第一个案例来自与银行分担不确定性的东北特钢。东北特钢及其前身大连钢铁（集团）有限责任公司历史上经历多次债转股。2000 年，由东方、信达、华融资产管理公司和辽宁省国资委、黑龙江省国资委以及抚顺特钢共同出资，三大资产管理公司成为大连特钢的债转股股东，占到全部注册资本的35%。2008年上述三家资产管理公司的股权按照债转股合同约定被辽宁省国资委回购持有，辽宁省国资委在东北特钢持股比例一度升至62.8%。

2016年3月24日，时任东北特钢董事长杨华突然自杀身亡。这起突发事件发生后的第三天，公司即发布公告称“15东特钢CP001”已经构成实质性违约。至此掀起东北特钢债券不断违约浪潮，各种期限（中期、短期、超短期）和不同发行渠道（公开、非公开）的违约债务总额一度超过85.7亿元。新上任董事长一度提出将公司70%的债务进行债转股。当意识到捉襟见肘的辽宁财政无法再次兜底时，债权人在持有人会议上一致拒绝再次债转股。债权人于2016年9月26日正式向大连市中级人民法院申请对东北特钢进行重整，东北特钢于2016年10月10日正式进入破产重整程序。我们看到，后来被媒体解读为“意外私有化”的沈文荣控股东北特钢实属当地政府为化解东北特钢债务危机所推出的无奈之举。在一定程度上，东北特钢债务危机是匈牙利经济学家科尔奈几十年前观察到的银行贷款如何由于预算约束软化而将贷款一步步转化为呆坏账的情景再现。因而，我们倾向于把政府干预下的债转股理解为是披着市场化运作外衣的预算软约束。我们看到，能不能以债转股的方式使混改的国企实现与银行的不确定性分担，很大程度上取决于债转股是不是基于价值判断和投资者意愿的真正市场化行为。

第二个案例来自通过以当地企业合并方式进行“抱团取暖”

式的不确定性分担的天津渤海钢铁公司。2010 年天津钢管、天津钢铁集团有限公司、天津天铁冶金集团有限公司和天津冶金集团有限公司等四家国有企业合并组成渤海钢铁。在财务并表后的 2014 年，渤海钢铁一举进入《财富》世界 500 强企业榜单。然而，在时隔不到两年的 2015 年年底，快速扩张后的渤海钢铁陷入了严重的债务危机，负债高达 1 920 亿元，涉及 105 家银行金融机构。那么，渤海钢铁又是如何化解新一轮债务危机呢？一方面，把原来“合”起来的企业重新“分”出去。2016 年 4 月经营状况相对尚好的天津钢管从渤海钢铁中剥离出来。另一方面，在钢铁主业引入民资背景的德龙钢铁做战略投资者，进行混改，重新回到国企改革“混”的思路上来。我们看到，与当地企业合并所谓“抱团取暖”式的不确定性分担只是使国企真正面临的体制机制转换问题被暂时和表面的“做大”掩盖起来，不是使不确定性减少了，而是使不确定性增加了。

第三个案例来自与优秀的同行分担不确定性的马鞍山钢铁。2019 年 6 月 2 日马鞍山钢铁发布公告，宣告中国宝武对马钢集团实施重组，安徽省国资委将马钢集团 51% 股权无偿划转至中国宝武。通过这次重组，中国宝武将直接持有马钢集团 51% 的股权，并通过马钢集团间接控制马鞍山钢铁 45.54% 的股份，成为马鞍山钢铁的间接控股股东。通过上述重组，作为中国宝武的控股股东的国务院国资委成为马鞍山钢铁的实际控制人。这一事件也被一些媒体解读为近年来掀起的地方企业引入央企进行混改，在并购重组后实际控制人由地方国资委变更为国务院国资委的新一轮混改动向的标志性事件。马鞍山钢铁所推出的与优秀的同行分担不确定性是否真正有助于实现预期的国企体制机制转变还有待于后续围绕基本公司治理制度改善的具体举措的进一步观察。

第四个案例来自选择与优秀的战略投资者分担风险的重庆钢铁。2017 年年底，完成重组后的重庆钢铁实际控制人变更为由中国宝武、中美绿色基金、招商局集团和美国 WL 罗斯公司等四家公司平均持股的四源合。按照重庆钢铁董事长周竹平的说法，作为实际控制人的四源合“没有派去技术人员，也没有做除了维修以外的设施方面的投入，没有更换过工人、中层”，甚至连原来的外部董事也保留了，而是仅仅派了“5 名既不炼钢也不炼铁”的高管。在破产的路上走了十年的重庆钢铁，一年就实现“止血”，起死回生。重庆钢铁重组的案例再次表明，国企混改需要解决的关键问题也许并非资源，甚至市场，而是如何形成转换经营机制的动力。重组后的重庆钢铁，面临原来股东、债转股后的新股东以及作为实际控制人四源合的巨大投资回报压力。尽快实现盈利成为落后经营机制转换的基本甚至唯一动力，多目标冲突等长期困扰传统国企的问题迎刃而解。

概括而言，重组后的重庆钢铁在实际控制人四源合的推动下，在公司治理构架上进行了两方面的调整。其一，基于市场化原则建立激励充分的经理人与员工激励机制。2018 年重组后重庆钢铁的 CEO 年薪为 553.91 万元，是 2017 年度重组前总经理的年薪 54.89 万元的约 10 倍。《重庆钢铁高管薪酬激励方案》和《2018年至2020年员工持股计划》等许多国企试图推进但往往无疾而终的激励方案在重庆钢铁重组后推出了。其二，回归到CEO作为经营管理决策中心，实现CEO和董事会之间的合理分工。国企面临的主要问题之一是控股股东、董事会与经理人之间的边界模糊，所有权与经营权无法有效分离。重组后的重庆钢铁董事会明确授权CEO拥有机构设置、技术改造等事项的权力，甚至允许先操作后到董事会报批。而董事会则回归到选聘CEO和考核评价CEO这些基本职能。在选择与谁分担不确定性的问题上，重庆钢铁通过引入盈利动机明确的优秀战略投资者，一举形成了转化经营机制的压力，凝聚了克服机制体制障碍的动力，最后汇成各方合作共赢的合力，成为重组后重庆钢铁获得新生的关键点和突破口。

现在让我们简单总结一下这四家来自同一行业，面临债务危机的国企选择与谁分担不确定性来进行混改的故事。东北特钢通过债转股选择与银行分担不确定性，成为市场化运作外衣下的预算软约束，最终无奈地走上“私有化”的道路。渤海钢铁通过将当地企业合并，选择“抱团取暖”的方式来分担不确定性。然而，在经历了短暂的“做大”辉煌，不得不重新走上“分”和更为根本的引入民资背景战略投资者的“混”的道路。被宝武实施重组的马鞍山钢铁选择的不仅是优秀的同行，而且是来自央企的同行，来分担不确定性。对于这一新近出现的地方国企通过引入同行业央企进行混改来分担不确定性的做法的实际效果尚有待进一步观察。重组的重庆钢铁则通过选择与优秀的战略投资者分担不确定性，以此作为混改的关键点和突破口，一举形成了转化经营机制的真正压力，凝聚了克服机制体制障碍的现实动力，汇成各方合作共赢的合力，为重庆钢铁赢来了新生。

国企通过混改引入战略投资者实现所有制的混合的实质内涵可以分解为围绕主要股东超额委派董事的以下两个方向的改变。这里的主要股东超额委派董事指的是，主要股东在董事会组织中委派超过其持股比例的董事的情形。一个典型的例子是，在万科 2017 年的董事会组织中，持股万科 29% 的第一大股东深铁委派了非独立董事中的 50%，形成第一大股东的超额委派董事现象。

第一个方向是控股股东少超额委派董事。围绕这一问题，我们以上市公司为研究对象开展的对国企混改的逻辑检验表明，在目前的国有上市企业中，如果实际控制人能够做到不超额委派董事，则不仅会使董事未来投非赞成票的可能性变大，而且其提升企业绩效的监督效果将更加明显。真正地实现混改目标、促进效能的提升，关键在于在董事会结构中合理保证其他股东的董事席位，使新进入的民营资本能够充分参与治理过程。只有民营资本通过委派董事享有内部信息、参与董事会的决策过程，才能有效地缓解原有的过度监督问题，带来经营绩效的实质改善。

第二个方向是非第一大股东多超额委派董事。典型的例子是已经完成混改的中国联通，持股 3% 的百度委派了 12.5% 的非独立董事。我们的研究检验了非第一大股东超额委派董事是否有助于国有上市公司效率改善，从而从相反的方向对国企混改开展逻辑检验。结果表明，非第一大股东委派非独立董事显著降低了关联交易的金额和次数；通过区分非第一大股东性质，我们发现，非国有非第一大股东委派非独立董事对上市公司关联交易行为有着显著抑制作用，而国有非第一大股东委派董事对于上市公司关联交易则没有显著影响。在地方国企样本中，相比于央企非第一大股东，非国有非第一大股东委派非独立董事对关联交易的抑制作用更强。

前述四个国企混改选择与谁分担不确定性的案例和围绕主要股东超额委派董事以上市公司为例开展的逻辑检验清晰地表明，如同只有开放才能促进改革一样，在国企混改实践中，也许只有“混”，才能真正做到“改”；而与其“并”，也许不如“混”。

那么，国企在混改完成后在治理结构和经营机制上有怎样的改变？一股独大的治理范式抑制了很多国有控股上市公司在资本社会化后治理结构改善和经营机制转变所激发的效益提升潜能，使得国有控股上市公司的业绩表现往往差于作为对照的民营上市公司。尽管如此，遵循以上上市公司开展国企混改逻辑检验的逻辑，从国有上市公司中我们依然能够察觉到国企混改完成后的影子。

2018 年 12 月 12 日，在 2018 年央视财经论坛暨中国上市公司峰会上，国资委相关人士透露，有 65.2% 的总资产和

61.7%的净资产已经进入上市公司，有61.2%的营业收入和87.6%的利润总额来自上市公司。上市公司的治理构架很大程度上就是目前正在积极进行混改的国企追求的目标和努力的方向。

引入战略投资者，完成混改后的企业在股权结构上应该像国有上市公司一样，成为资本社会化的典范。股东不仅有国资，而且有民资，是资本社会化的产物。盈利动机明确的民资及其董事代表成为约束经理人追求私人收益、损害股东利益的重要力量。混改完成后的企业应该像国有上市公司一样，形成代表各方股东利益的董事组成的董事会，重大事项需要经过股东大会协商表决通过。完成混改后的企业甚至会像国有上市公司一样，引入来自外部、利益中性、注重声誉，同时具有法律会计金融等专门知识的社会精英作为独立董事进行监督和咨询。通过上述公司治理构架的建立和完善，完成混改后的企业使职业经理人手中的经营权从股东手中的控制权有效分离出来，由此带来基于经理人职业化与资本社会化二者之间专业化分工的效率改善。

总结

鉴于国企在国计民生中的历史地位和特殊作用，国企改革一直是我国经济体制改革的主要内容，甚至成为我国40年改革开放的缩影。由于预算软约束、模糊诚信责任、多目标激励冲突和中国式内部人控制等问题的存在，国有企业既没有摆脱家庭手工作坊式的控制权对经营权的干预，无法利用社会专业化分工提高效率，又没有很好解决家庭手工作坊并不存在的代理问题，使得国有企业看上去像是存在代理问题的“新古典资本主义企业”。国有企业往往在“红红火火满三年”后开始陷入“效益滑坡—连年亏损—债台高筑—政府‘拉郎配’式的并购重组—获得新生”周而复始的恶性循环。

混改作为当下国企改革新的突破口在新一轮国企改革中被普遍采用。国企混改一方面需要在股东层面引入盈利动机明确的民资背景的战略投资者解决以往的所有者缺位的问题；另一方面，通过混改形成主要股东之间的竞争关系，建立一种自动纠错机制，以有效地避免大股东一股独大容易导致的监督过度和决策失误并形成对经理人的制约，避免内部人控制问题。因而新一轮国企混改的理论基础是现代产权理论和分权控制理论。

国企混改通过在实体经济层面引入民资背景的战略投资者，同时推行员工持股计划，实现分权控制，在国有资产管理体制上通过新设或改组国有资本投资运营公司来实现从“管企业”到“管资本”的转变。在引入民资背景战略投资者进行混改的实现模式选择上，既可以选择基础战略性产业混改典范的在股权结构层面国资占优，在董事会组织层面战略投资者占优的“联通模式”，也可以选择非基础战略性产业混改典范的无论是股权结构还是董事会组织都是战略投资者占优的“北方信托模式”。混改成功的关键是能否解决参与混改的民营资本等战略投资者的激励相容问题，以有效保障民营资本的权益。

混改的实质是选择与谁分担不确定性。从钢铁行业的实践看，相比于银行、当地的同行、优秀的同行，优秀的具有一定民资背景的战略投资者是国企混改更为适当的不确定性分担对象。通过选择与优秀的战略投资者分担风险，国企混改一方面建立了全新的激励体系，另一方面还原了董事会原本的功能，实现了经营权与所有权的有效分离。在国企改革的实现模式选择上，我们强调，如同只有开放才能促进改革一样，只有“混”才能“改”，与其“并”不如“混”。

1 CHAPTER

第1章

金字塔式控股结构下中国国企的内部人控制问题

在基本治理业态上，国有企业与控股母公司和控股母公司的母公司等共同构成规模庞大的企业集团，处于链条长短不一、复杂程度各异的金字塔式控股结构链条之下。

金字塔式控股结构链条所导致的延长的委托代理链条不仅进一步加剧了“花别人的钱办别人的事”的国企所有者缺位的制度弊病，而且催生了潜在的经济、政治和社会负效应。我国资本市场也许到了向金字塔式结构说“不”的时候。

由于真正所有者缺位，一些国企大股东并不能很好地履行监督经理人职能，导致公司治理真空，为内部人控制大开方便之门。恒丰银行的内部人控制问题并非英美等国传统意义上的内部人控制问题，而是我国资本市场制度背景下十分独特的中国式内部人控制问题。这是我国国企在公司治理实践中面临的“真”问题。

对于2015年以来出现在我国资本市场的公司治理现实困境背后的原因，分析表明，我们不仅需要从“野蛮人”频繁入侵和隐身在各种金字塔式控股结构中的金融大鳄兴风作浪的视角，而且需要从中国式内部人控制问题存在的视角加以分析和解读。中国公司治理现实困境出现的原因不是简单的“野蛮人”入侵，也不是简单的内部人困境，而是“野蛮人”遭遇了中国式内部人。

第1节

金字塔式控股结构下的国企制度弊端

近年来，隐身在复杂金字塔式控股结构背后形形色色的资本势力在中国资本市场兴风作浪。通过考察上市公司的股权结构我们不难发现，在中国资本市场，很大比例的上市公司或者置身于国资背景的企业集团，或者与上述资本势力构建的“金融帝国”存在千丝万缕的关系。它们通过持有控制性股份的 A 公司，(借助杠杆）收购 B 公司的控制性股份，然后通过 B 公司收购 C 公司，实现对 C 公司的控制，如此循环。除了上市公司，通过控股链条，它们还控制或参股数量庞大的非上市公司。通过层层股权控制链条，处于金字塔塔尖的实际控制人由此构建了一个个庞大的“金融帝国”。习惯上，我们把这种借助复杂的控股链条所建立的庞大金字塔式股权结构称为“ ×× 系”，如旗下有多家上市公司的央企华润系和持股多家上市公司的中粮系等。置身于长短不一、复杂程度各异的金字塔式控股结构链条之下，构成了国企的基本治理业态。

应该说，当初以中国上市公司作为控股子（或孙）公司形成金字塔式控股结构，不仅来自满足企业融资需求的组织制度设计需要，也与国企改制和产业结构调整过程中政府推出的一些特殊政策有关。

其一，在20世纪八九十年代，中国资本市场远未成熟和有效，金字塔式控股结构此时充当着重要的内部资本市场，成为当时尚未成熟和有效的外部资本市场的补充，甚至扮演替代角色。这构成金字塔式控股结构最初在资本市场出现的最直接理由。

其二，当年国企改制的现实需要。为了推动亏损严重同时资金缺乏的国企改制，从国企中剥离出来的优质资产优先上市募集资金。这就是名噪一时的“靓女先嫁”理论。但“先嫁的靓女”未来需要承担帮助贫困的家庭度过时艰的隐性责任。这样，作为上市公司的“先嫁的靓女”和企业集团的其他部分很自然地发展成子公司与母公司的控股关系。

其三，在国企管理体制改革过程中，为了避免国资委既是裁判员又是运动员的嫌疑，在上市公司与国资委之间人为地设立用来控股的集团公司。通过集团公司，国资委实现对上市公司的间接控制。

其四，在之后几轮并购重组和产业结构调整过程中，一些效益不好的企业被政府“拉郎配”式地植入部分相对有实力的企业集团中，以解决当时很多国企面临的效益不好、基本薪酬无法保证、职工下岗等问题。

其五，鉴于企业上市审核排队时间漫长，借壳上市成为一些企业上市的变通途径。在资产注入“壳”后所形成的新的上市公司和原有公司之间，自然地形成新的控制权链条。

由于上述几方面的原因，在很多国资背景的企业中逐步形成了既有上市公司又有大批非上市公司的庞大的金字塔式控股结构（企业集团）。1999 年起，民企开始大量上市，同样借鉴了国资股权结构的上述模式。这使得在中国资本市场，不仅存在国资背景的金字塔式控股结构，也存在民企背景的金字塔式控股结构。

如果说在改革开放早期，面对不够成熟有效的外部资本市场，金字塔式控股结构所形成的内部资本市场在推动企业集团实现规模经济和快速扩张方面曾经发挥过历史性作用，但随着外部资本市场日益成熟和有效，金字塔式控股结构越来越多的负面效应开始显现。

理论上，金字塔式控股结构存在容易引发诸多负面效应的制度设计。根源在于，母公司的实际控制人所需承担的责任与其对处于金字塔底端的孙公司的影响并不对称。这为实际控制人利用不对称的责权利谋取私人收益，损害其他分散小股东的利益创造了条件。

我们以母公司持股子公司 30% 的股份，子公司持股孙公司 30% 的股份所形成的三级金字塔式结构为例。母公司的实际控制人通过控股链条，在孙公司重大事项的表决中至少可获得 30% 的投票支持。鉴于子公司在孙公司董事会组织和股东大会相关议案表决的影响力，子公司的以其他应收款方式实现对孙公司资金占用的议案在孙公司股东大会表决中顺利通过将成为大概率事件。这使得享有子公司 30% 现金流权的母公司从上述资金占用中至少能获得 30% 的收益。但由于母公司在孙公司投入的资本比例只占到孙公司全部资本的 9%（30% × 30%），因而母公司由于资金无偿被占用（甚至面临未来无法到期偿还的风险）所导致的损失仅限于其投入孙公司的 9% 现金流权（我们把通过董事会组织和股东大会表决实现的对公司重大决策制定的影响力称为控制权，而把通过实际出资额体现的责任承担能力称为现金流权）。

我们看到，借助金字塔式控股结构，实际控制人成功实现了控制权与现金流权的分离。这事实上就是约翰逊和施莱弗等所描述的实际控制人利用金字塔式控股结构对处于底端的孙公司进行隧道挖掘的实现机制。之所以称为隧道挖掘，是由于实际控制人利用对孙公司的控制权以资金占用等方式把孙公司的资源转到子公司，进而由子公司转到母公司，使这一链条看上去像一条长长的隧道。

具体到中国资本市场，金字塔式控股结构日渐显现的负面效应主要体现在以下几个方面。

首先，实际控制人利用复杂金字塔式控股结构，对子公司和孙公司进行隧道挖掘，小股东的利益无法得到有效保障，这使得他们被迫选择频繁“以脚投票”。中国资本市场散户平均持股时间较短主要有两方面原因，一方面与有待加强的对内幕交易的监管力度和处罚力度有关，很多投资者心存侥幸，另一方面与在金字塔式控股结构下小股东既无法实质参与公司治理，又不愿成为被宰的羔羊而被迫“以脚投票”的心态有关。

其次，对于一些非核心控股子公司，实际控制人对资本运作甚至市场炒作的关注度远远高于对公司治理和经营管理的关注度。实际控制人频繁以资产置换、增发新股、并购重组甚至更名等为题材进行炒作。受实际控制人主导的控股集团关注资本运作大于经营管理事实的影响，分散的小股东同样很难将注意力集中到价值投资本身，而是忙于通过各种途径探听内幕消息。我们看到，金字塔式控股结构下实际控制人的资本运作偏好进一步加剧了小股民的投机心理。

最后，复杂的金字塔式控股结构不仅为监管当局监管股权关联公司的关联交易带来了困难，也为实际控制人行贿腐败官员提供了多样化的途径，最终使资本大鳄与部分腐败官员结成利益同盟，进行权钱交易，造成国有资产流失。发生在“涌金系”和“明天系”的故事就是前车之鉴。

回顾各国资本市场的发展历史我们不难发现，金字塔式控股结构不仅是家族企业盛行的亚洲、欧洲国家流行的股权控制模式，在目前以股权分散为典型治理模式的英美等国也曾出现过。美国企业的股权控制模式，从列宁眼中的洛克菲勒等托拉斯演变为目前股权高度分散的公司治理模式，事实上与进步运动时代美国政府意识到金字塔式控股结构的上述负面效应，并采取了一系列改革措施有关。今天中国资本市场在消除金字塔式控股结构及其负面效应上可以借鉴一些经验。

第一，公司间股利税的开征，使控制子公司、孙公司的金字塔母公司处于税负不利状态。这被认为是美国 20 世纪初一些庞大的托拉斯组织解体的最重要因素之一。结合中国目前企业税负偏高与扩张的财政支出需要广开税源二者之间矛盾突出，以及资本市场健康发展需要对金字塔式控股结构加以抑制的事实，借鉴相关的经验，未来中国资本市场可行的做法是：一方面减少企业层面税负，使企业充满生机活力；另一方面通过征收公司间股利税以弥补财政支出的资金不足，以此来抑制金字塔式控股结构的蔓延和发展。

第二，通过制定针对持有优先股的机构投资者获得股利回报时的税收优惠政策，鼓励机构投资者更多持有上市公司发行的没有控制权的优先股，从而有效避免机构投资者对上市公司经营管理的过度干预。

最近一段时期，一些受盈利压力驱使的险资在举牌成为第一大股东后，不仅无意长期价值投资，更不惜罢免曾经带领企业从困境中一路走来的全体董事。这是普通投资者、监管当局、管理团队甚至险资本身都不愿意看到的结果。而如果当时这些险资持有的仅仅是优先股，则不仅从制度上可以避免对微观经济主体的干预，也可以避免“血洗”董事会式的悲剧发生，而且客观上有利于更好地实现险资保值增值的目的。

对于目前正在积极推进的国企混改，上述讨论的一个启发是，部分国企也许可以考虑把部分普通股转为优先股。在上述针对优先股的税收优惠政策推出后，以优先股为主的国有资本一方面可以利用税收优惠和优先股的股息优先偿还，实现国资保值增值的目的；另一方面有助于从根本上实现国企改革从管企业到管资本转变的目标。

第三，通过征收遗产税等鼓励金融大鳄从股权控制向公益性基金转变。性质转变后的公益性基金更加关注资金的安全和回报的稳定，而不再简单谋求公司的控制权以及资本运作和市场炒作。

现在让我们设想资本市场中上市公司的普通股主要由个人投资者直接持有，而险资等机构投资者主要持有优先股，从而鲜有复杂的金字塔式控股结构存在的情形。对于个人投资者，由于并不存在被原来的金字塔式控股结构实际控制人进行隧道挖掘的可能性，所持股公司也不会被用来作为市场炒作的对象，他们的投机动机将相应减弱，被迫转向价值投资，甚至开始关心上市公司的治理和经营管理状况；而持有优先股但没有投票权的机构投资者，出于保值增值的目的，既缺乏市场炒作和资本运作的激励，也缺乏相应的条件，近年来资本市场中由于险资举牌掀起的腥风血雨就此消于无形；缺乏复杂的金字塔式控股结构作为掩护和载体，以往部分腐败官员的权力和资本的勾结由此难以为继；而上市公司由此不再担心“野蛮人”的入侵，开始专注于公司治理的改善和经营管理的提升。一个健康良性发展的资本市场由此开始形成。

第 2 节

恒丰银行的中国式内部人控制问题

2017 年 11 月 28 日晚，各大主流媒体纷纷报道恒丰银行原董事长蔡国华被查一案。事实上，早在 2016 年，《财新周刊》和《21 世纪经济报道》分别以《恒丰银行股权控制术》和《谁的恒丰银行？》为题报道了总部位于山东烟台的股份制商业银行——恒丰银行的员工持股计划丑闻和涉嫌高管私分公款案。根据当时公开披露的信息，烟台国资委独资的烟台蓝天投资控股有限公司持有该行 19.4% 的股份，是该行的第一大股东。在恒丰的股东中，不仅有来自江苏、上海、北京、厦门的机构投资者，还有新加坡大华银行这样的国际战略合作伙伴。从恒丰的股权结构安排来看，无论是股权多元化程度、国际开放程度还是股权制衡程度都堪称股份制商业银行中的典范。但为什么股权结构堪称完美的恒丰依然让媒体提出了“谁的恒丰银行”的质疑呢？

从媒体的公开报道看，发生在恒丰银行的高管私分公款案、员工持股计划丑闻以及股权谜踪等都是典型的内部人控制问题。公司法的常识告诉我们，涉及股权变动的事项当然需要征得现有股东的同意，何况员工持股计划这种增发意味着现有股东股权的稀释。当时恒丰的高管分别分到了800万元、2 100万元等金额，而蔡国华本人从中分到3 850万元。如果是高管正常的薪酬补偿，不仅要以薪酬合约作为依据，而且需要经过董事会讨论，甚至股东大会通过。

这里所谓内部人控制问题指的是高管或执行董事利用对公司的实际控制力损害股东权益、挑战股东公司治理权威的行为。内部人控制问题最早发生在英美等国的公司治理实践中。一方面，英美公司股权高度分散；另一方面，公司希望通过股权激励来协调经理人和股东之间的利益冲突，故不断给予经理人股权激励。两方面因素共同作用的结果是经理人持股的比例越来越高，如同在经理人实际控制地周围深挖一条壕沟，以至于外部监管、威胁都很难冲击和撼动经理人。于是，被深深的壕沟所保护的经理人可以通过谋求控制权获得私人收益，甚至为自己发超额薪酬，使股东的利益受损。作为经理人代理问题的重要表现形式，内部人控制问题由此受到英美等国公司治理理论和实践的重视。

如果仔细对照发生在恒丰银行的内部控制人行为和英美等国传统意义上的内部控制人行为，我们会发现二者之间存在明显的差异。

其一，形成恒丰银行内部人控制局面并非由于股权高度分散。除了前面提及的持股达 19.4% 的第一大股东烟台蓝天投资，尚未公开上市的恒丰第二大股东新加坡大华银行持股比例也高达 12.4%；甚至第三到第五大股东持股比例均在 10% 左右。按照经验研究中通常采用的股权制衡计算方法，第一大股东持股比例低于第二到第五大股东持股比例之和的恒丰银行恰恰属于股权制衡度较高的股权结构类型。因而，这样的股权结构远谈不上股权高度分散，为内部人控制问题的产生埋下隐患。

其二，在恒丰银行，董事长而非首席执行官（行长）是内部人控制格局的核心。在英美公司治理实践中，董事长往往只是董事会的召集人，他在履行董事职责上与其他董事相比并没有特殊的权力。首席执行官（CEO）由于受到高的股权激励形成壕沟效应，成为英美等国股权分散公司内部人控制的核心。而在恒丰银行，受第一大股东委派、代表国资委来履行国有资产监督职责的董事长才是中国制度背景下公司内部人控制格局的核心。在职能设定上和称谓上更类似于国外 CEO 的经理人则退化为董事长的执行助理。在围绕中国上市公司开展的实证研究中，董事长（而不是经理人）是公司治理需要关注的重点对象，这已经成为普遍的认识。

其三，内部人控制地位的形成并非由于推行股权激励计划，而是由于董事长形成壕沟效应，董事长的控制权地位由此无人撼动。熟悉中国资本市场相关规定的读者不难发现，中国对于国有性质的上级持股公司所委派的董事获得股权激励有严格的限制。从目前披露的数据，我们并不能观察到原董事长蔡国华个人直接持股。

由于上述三方面的原因，我们认为出现在恒丰银行的内部人控制问题并非英美等国传统意义上的内部人控制问题。因而我们并不能从发生在这些国家的公司治理实践经验中找到解决上述问题的答案。为了区分两种不同类型的内部人控制，我们借鉴当下媒体流行的话语，把发生在恒丰银行的具有典型中国制度背景特色的内部人控制概括为中国式内部人控制。

哈佛大学施莱弗教授的研究团队观察了全球 27 个国家，发现大企业的股权都集中在大股东手里。他们由此认为，经理人和股东之间传统的代理冲突的重要性，一定程度上已经被控股股东如何剥削小股东这一新的公司治理问题所替代。我们虽然认同施莱弗教授所谓股东之间的代理冲突不容忽视的观点，但基于对中国公司治理现实的理解，我们认为，在中国资本市场，传统的经理人和股东之间的代理冲突问题依然严重，甚至在复杂金字塔式控股结构掩护下，经理人和股东之间的代理冲突引发的内部人控制问题变得更加复杂。而这是中国资本市场特定制度背景下，面临的公司治理“真”问题，需要中国公司治理理论界和实务界予以特别关注。

那么，引起恒丰银行的中国式内部人控制的真正原因究竟是什么？至少有以下两方面的原因。

其一是董事长的产生机制和由此形成的董事长独特身份。在中国的公司治理实践中，对于第一大股东具有国有性质的企业，其关键岗位往往是由该企业的上级组织部门按照干部考察程序任命的，虽然在形式上还需要经过董事会提名和股东大会表决的程序。由于上述自上而下的特殊人事任命途径，任命者往往具有特殊身份。我们以恒丰银行为例。在恒丰银行发布的相关公告中提到“2013 年 12 月 19 日召开董事会会议，根据烟台市委、市政府有关任免推荐决定以及本行主要股东的提议，经董事会提名委员会资格审查通过，选举蔡国华先生为公司董事、董事长”。进一步考察蔡国华任职恒丰银行董事长之前的身份，我们发现，空降恒丰银行之前的蔡国华是烟台市委常委、副市长兼国资委党委书记。我们理解，对于蔡国华出任恒丰银行董事长的任命仅仅是烟台主要党政领导干部统筹安排中的一个环节。在一定程度上，这一任命甚至不是在烟台市范围内所能决定的。

其二是国有性质的第一大股东的所有者缺位。理论上，盈利动机强烈的股东将会阻止作为股东代理人的董事会的任何侵害股东利益的行为，集中表现在第一大股东通常会在股东大会上对可能损害股东利益的相关决议投反对票，甚至提议及时更换损害股东利益的不称职董事会成员。但无论是作为恒丰银行上级持股公司的蓝天投资，还是全资控股蓝天投资的烟台国资委，对于曾经担任烟台市委常委、副市长兼国资委党委书记的蔡国华的制衡力量十分有限。而作为恒丰银行第一大股东的烟台蓝天投资，此时不仅不会形成对以原董事长蔡国华为首的董事会内部人控制行为的有效制约，反而成为其抗衡其他股东可能提出的否定议案的可利用力量，甚至向其他股东传递出“想反对也没有用，因为我是第一大股东”的信号。恒丰银行的案例一定程度上表明，由于真正所有者缺位，大股东并不能很好地履行监督经理人职能，形成公司治理真空，为内部人控制大开方便之门，由此不可避免地导致中国式内部人控制问题的出现。在上述中国式内部人控制格局形成后，恒丰银行接下来发生的员工持股计划丑闻、高管私分公款案和股权谜踪不仅在预料之内，而且在情理之中。

那么，如何消除中国式内部人控制这一中国公司治理实践中的痼疾?

事实上，一段时期以来，作为国有企业改革的重要举措，从原来的“管企业”变为现在的“管资本”，就是解决发生在恒丰银行的中国式内部人控制问题的关键。通过上述根本性的变革，股东真正成为公司治理的权威，以替代由于所有者缺位形成的公司治理真空。这样，类似恒丰银行发生的内部人控制现象将在一定程度上减少，进而从根本上杜绝员工持股计划丑闻、高管私分公款案和股权谜踪。

从 2015 年开始，中国上市公司第一大股东平均持股比例低于标志着相对控制权的 33.3%，中国资本市场开始进入分散股权时代。中国资本市场未来需要牢固地树立股东是公司治理真正权威的意识，使股东大会围绕重要事项的投票表决成为体现不同股东意愿诉求、保护股东权益的重要平台。同时应该鼓励公司聘请更多的来自外部的利益中性的独立董事，让他们从专业角度提出防止中小股东利益受损的意见和建议。必要时，甚至应该鼓励包括险资、养老金等在内的机构投资者发起的接管威胁，使之成为完善公司治理的重要外部力量。

第3节

如何解读中国公司治理现实困境？

在长期的问题积累后，从2015年开始，我国资本市场进入各种“乱象”和“怪象”的集中爆发期。首先是2015年资本市场经历的被一些媒体形象地称为“股灾”的股价大幅波动；其次是从2015年7月以万科股权之争为代表的系列控制权之争的集中爆发，举牌的险资以“野蛮人”的面目出现在我国资本市场，投资者和社会公众一时为之侧目；最后是险资举牌在我国资本市场掀起的腥风血雨，在南玻A的董事会被“血洗”后达到了高潮，人人自危的实业家纷纷站出来谴责“野蛮人”的暴行，指出“破坏实体经济就是罪人”(董明珠语)。在此背景下，2016年12月3日，中国证监会公开发声，痛批“野蛮人”，一度将这些举牌险资和其他兴风作浪的金融大鳄怒斥为“土豪”“妖精”“害人精”。

我们知道，控制权之争，甚至“野蛮人”入侵在各国资本市场发展历史上都出现过，并非新鲜事。但为什么发生在当下我国资本市场的控制权之争如此血腥，对抗如此激烈？我们应该如何逻辑一致地解读最近一段时期发生在我国资本市场上的种种“乱象”和“怪象”？本节试图为解读中国公司治理现实困境提出一个统一的逻辑分析框架。

概括而言，理解中国公司治理现实困境的关键在于把握以下三条既相互独立又相互交叉的逻辑主线：其一是中国资本市场开始进入分散股权时代；其二是历史上曾经发挥作用，如今弊多利少的金字塔式控股结构的盛行；其三是长期存在的中国式内部人控制问题。我们看到，一方面，中国资本市场进入分散股权时代，“野蛮人”频繁入侵，隐身在各种金字塔式控股结构背后的金融大鳄兴风作浪；另一方面，中国式内部人控制问题长期存在。当“野蛮人”遭遇中国式内部人，中国公司治理的现实困境就出现了。三条逻辑主线的交织和冲突成为引发目前中国公司治理困境的现实原因。因而，三条逻辑主线及其交织和冲突构成理解中国公司治理现实困境的一个可能的逻辑分析框架。图 1-1 描述了理解中国公司治理现实困境的三条逻辑主线和基于三条逻辑主线形成的逻辑分析框架。

中国资本市场进入分散股权时代是理解中国公司治理现实困境的第一条也是最重要的一条逻辑主线。在上市公司股权结构经历了从一股独大到股权分散的转变之后，中国资本市场开始进入分散股权时代。促成上述转变的现实因素概括而言有以下几个方面。

其一，从2005年开始到2007年结束的股权分置改革和股票全流通的完成使公司控制权转让在技术上成为可能。

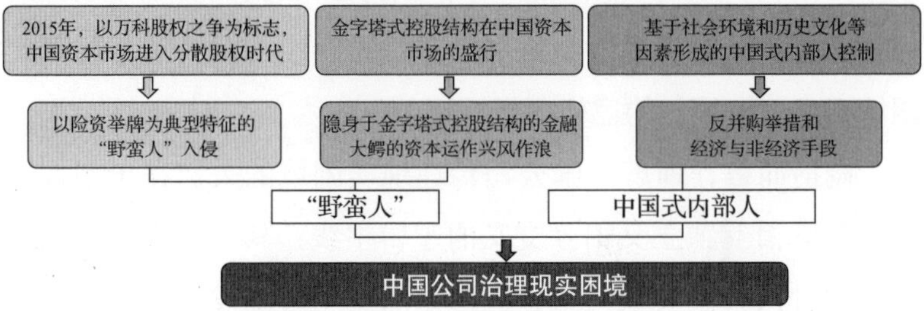

图1-1　理解中国公司治理现实困境的逻辑分析框架

其二，股东权利保护的事实改善和风险分担的意识加强，使得原控股股东倾向于选择分散的股权结构。传统上，当权利得不到法律应有的保护，股东倾向于选择集中的股权结构来对抗经理人损害股东利益的代理行为。这是投资者权利法律保护并不尽如人意的一些大陆法传统和新兴市场国家选择股权集中治理模式的重要原因。经过多年的发展，中国资本市场不仅具备了一定的分散风险的功能，而且能够保护股东权益的各种内外部治理框架和法律体系初见端倪，把较大比例的股份集中在同一家公司显然并非原控股股东的最优选择。

上述两个方面构成了中国资本市场进入分散股权时代的内因。

其三，随着可以投资股票的资金比例上限不断提高，险资等机构投资者开始大举进入资本市场，甚至通过在二级市场公开举牌，一度成为一些上市公司的第一大股东。2010年以来此起彼伏的险资举牌加速了中国资本市场股权分散化的过程。

其四，正在开展的以吸引民企作为战略投资者为典型特征的国企混合所有制改革将进一步稀释原有相对集中的国有控股股东的股权，从而使中国资本市场分散股权结构的基本态势最终形成。以联通混改为例，在吸引包括中国人寿和BATJ（百度、阿里巴巴、腾讯、京东）等战略投资者持股35.19%后，联通集团合计持有中国联通的股份变为36.67%，而之前在60%以上。险资举牌和国企混改成为中国资本市场进入分散股权时代的外因。

图1-2表明，在过去的10多年中，我国上市公司第一大股东平均持股比例持续下降。在股权分置改革完成的2007年，我国上市公司第一大股东平均持股比例从2005年股改前的40%以上下降到35%左右；而在险资大举进入资本市场和万科股权之争爆发的2015年，我国上市公司第一大股东平均持股比例进一步下降到甚至无法实现相对控股的33%左右。截至2016年年底，在我国近3 000家上市公司中，第一大股东持股比例低于20%的公司超过500家，甚至有50家左右的上市公司第一大股东持股比例不足10%。

图1-3表明，从2010年开始险资陆续举牌中国资本市场上一些股权相对分散的公司。截至2016年年中，有77家上市公司被险资举牌，合计119次。在万科股权之争爆发的2015年，有41家上市公司被险资举牌，合计69次。万科股权之争由此

成为中国资本市场开始进入分散股权时代的标志。

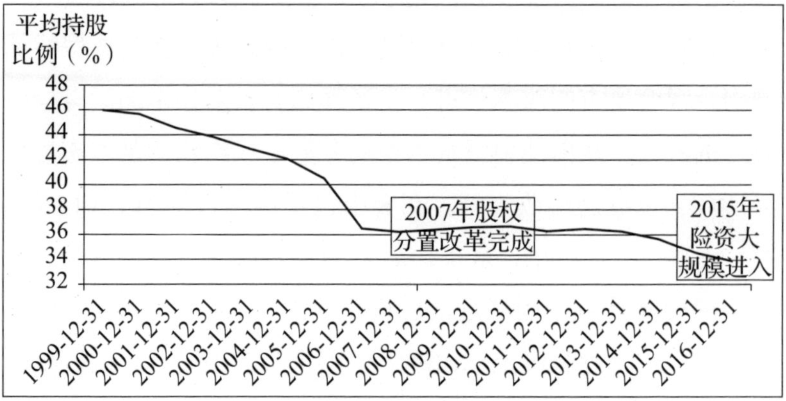

图 1－2　平均第一大股东持股比例变动

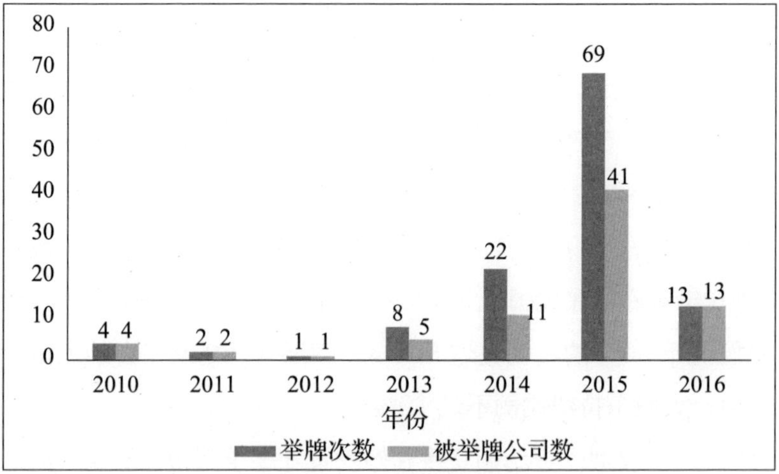

图 1－3　举牌情况变动

资本市场进入分散股权时代成为中国公司治理现实困境发生的大的时代背景。从积极方面看，以险资为代表的机构投资者通过对市场估值较低的上市公司举牌，形成对存在内部人控制问题的部分上市公司的直接接管威胁，有助于这些公司完善治理结构；从消极方面看，一些机构投资者不排除以“野蛮人”面目入侵股权相对分散的公司的可能性，争夺控制权，甚至“血洗”董事会，对一些公司创业团队人力资本专用性投资激励构成挑战。

根据邢立全先生发布的研究报告《A股资本系族：现状与思考》，截至2017年2月7日，深沪两市共有各类资本系族178个，涉及上市公司1 045家，占同期A股上市公司总数的34%。我们注意到该报告以两家及以上的上市公司被同一实际控制人控股或实际控制来度量“资本系族”，如果按照金字塔式控股结构的“通过中间企业以股权控制方式建立的企业集团”的定义，那么，中国资本市场现实中的金字塔式控股结构远较想象的多。

对于金字塔式控股结构日渐显现的负面效应，我们已在本章第1节进行了讨论。概括而言，其一，实际控制人利用复杂金字塔式控股结构，对子公司、孙公司进行隧道挖掘，分散小股东的利益无法得到有效保障，他们被迫选择频繁“以脚投票”；其二，对于一些非核心控股子公司，实际控制人对资本运作甚至市场炒作的关注程度远远高于对公司治理和经营管理的关注程度；其三，复杂的金字塔式控股结构不仅为监管当局监管股权关联公司的关联交易带来了困难，同时为资本大鳄行贿腐败官员提供了多样化的途径，最终使资本大鳄与部分腐败官员结成利益同盟，进行权钱交易，造成国有资产流失。

近年来我国上市公司面临的种种公司治理困境，除了频频举牌的险资，很大程度与隐身金字塔式控股结构的资本大鳄投机性资本炒作有关。金字塔式控股结构的盛行以及由此带来的政治经济社会危害是理解中国公司治理现实困境的第二条逻辑主线。

中国公司治理的现实困境，一方面与中国资本市场进入分散股权时代，外部“野蛮人”入侵与隐身金字塔式控股结构的资本大鳄兴风作浪有关，另一方面则与一些上市公司存在中国式内部人控制问题有关。当内部人遭遇“野蛮人”，中国公司治理现实困境就出现了。中国式内部人控制问题的存在构成理解中国公司治理现实困境的第三条逻辑主线。

那么，什么是中国式内部人控制问题？所谓内部人控制指的是公司高管利用实际享有的超过责任承担能力的控制权，做出谋求私人收益的决策，但决策后果由股东被迫承担，造成股东利益受损的现象。之所以称为“中国式”，是由于在中国一些上市公司中，内部人控制问题形成的原因并非引发英美等国传统内部人控制问题的股权高度分散和向管理层推行股权激励计划，而是与中国资本市场制度背景下特殊的政治、社会、历史、文化和利益等因素联系在一起。

首先是金字塔式控股结构的存在导致的所有者缺位。除了第 1 节指出的种种弊端，金字塔式控股结构也是中国式内部人控制问题发生的直接制度诱因。处于金字塔顶端的大股东（特别是具有国有性质的控股股东），或者奉行无为而治，或者鞭长莫及，看似存在大股东，但由于所有者缺位和大股东的不作为，董事长往往成为公司的实际控制人。随着金字塔式控股结构控制权链条的延长，所有者缺位进而内部人控制现象更趋严重。

其次是基于政治关联形成的内部人控制。虽然在形式上需要经过董事会提名和股东大会表决的程序，但在我国的公司治理实践中，对于控股股东具有国有性质的企业，其关键岗位往往是由该企业的上级组织部门按照干部考察程序任命的。由于上述自上而下的特殊人事任免途径，任命者往往具有特殊身份。

再次是基于社会连接形成的内部人控制。我们以山水水泥为例。持股比例并不高的企业家张才奎成为山水水泥的实际控制人与他是山水水泥历史上的功臣有关。连续亏损 13 年的山东水泥试验厂，在张才奎带领下，逐步发展成为在香港上市、全国各地有多家分公司、一度全国排名前四的水泥企业。可以说，没有张才奎就没有今天的山水水泥。在我国改革开放以来并不太长的现代企业发展历程中，几乎每一个成功企业的背后都有一个张才奎式的企业家成为这一企业的灵魂和核心人物。这构成在我国一些公司形成中国式内部人控制问题十分重要和独特的历史因素。

最后是基于文化传统形成的内部人控制。在山水水泥案例中，那些并不愿和张氏父子对簿公堂的员工股东，很大程度上并非由于自己的利益没有受到损害，而是碍于情面，也不想背负“背叛”的名声。虽然这一行为成就了这部分员工股东忠诚的声誉和心理的满足，但这种行为客观上是非不分，一定程度上助长了中国式内部人控制问题。

除了前面提到的有迹可循的链条外，也许还存在我们无法观察到的各种利益链条。这些链条交织在一起，使得看起来并未持有太多股份，从而没有相应的责任承担能力的董事长成为典型的中国式内部控制人。

由于国有体制对经理人股权激励计划甚至经理人收购计划推行的种种限制，很多企业家的历史贡献并没有得到股权形式的认同。面对"野蛮人"的撞门，如果把企业交给自己信赖和长期培养的管理团队，持股比例并不高的创业企业家无法说服其他股东接受自己的提议；如果利用自己的影响力持续实际控制公司，创始企业家总有老去的一天，甚至由于自己的强势，时不时去跨界，难免会造成自己持有的有限股份无法承担责任。而如果简单遵循股权至上的逻辑，创业企业家放弃自己的坚持，任凭新入主股东主导新的经营管理团队组建，则有时会使多年形成的经营管理经验和理念无以为继。当面临资本市场的"野蛮人"入侵，不仅他们的反抗显得无力，心怀怨怼的他们的一些反抗行为有时甚至显得意气用事。这无形中加强了控制权之争的对抗性。面对公众对遭受"野蛮人"撞门威胁的管理团队的同情，同时受到心怀怨怼甚至意气用事的管理团队激烈抵抗，此时被推到了幕前的举牌险资命中注定将在中国资本市场这一发展阶段扮演并不光彩的角色。

我们看到，在中国资本市场进入分散股权时代，当基于政治关联、社会连接形成的中国式内部人控制遭遇“野蛮人”入侵，中国公司治理的现实困境就出现了。2016 年 11 月 15 日，在经历了与举牌的宝能系控制权纠纷后，包括创始人曾南在内的南玻 A 八名高管相继辞职。有媒体以《南玻 A 高管集体辞职，姚振华“血洗”董事会》为题公开报道了此事件。从该事件的发生我们看到，公司控制权转让和接管威胁并没有像传统公司治理理论预期的那样，为上市公司带来公司治理改善和业绩提升，反而出现了新入主股东“血洗”董事会这样一个无论普通投资者还是管理团队，甚至是并购方都不愿意看到的结果。如果说万科股权之争标志着我国资本市场开始进入股权分散时代，那么，南玻 A 高管的集体辞职则是股权分散时代公司治理事件的新高潮。在一定意义上，“血洗”董事会式的公司控制权转让成为习惯于一股独大公司治理模式的我国上市公司仓促进入分散股权时代被迫承担的制度成本。

那么，面对资本市场进入分散股权时代中国公司治理的现实困境，我们应该制定怎样的监管和公司治理政策加以应对呢？概括而言，一方面，需要进行制度设计防范“野蛮人”血腥入侵，以鼓励创业团队在业务模式创新上投入更多的专用性人力资本；另一方面，需要积极引导和规范包括险资在内的机构投资者，使接管威胁成为改善中国上市公司治理结构重要的外部力量。实现二者之间的平衡成为我们制定相关公司治理政策的逻辑出发点。

第一，鼓励创新型企业推出不平等投票权的控制权安排设计，以防范“野蛮人”血腥入侵，使创业团队在业务模式创新上投入更多的人力资本。

如果预见到辛苦创建的企业未来可能轻易地被“野蛮人”入侵，企业家早期创业的激励将弱化。不对“野蛮人”入侵设置足够高的门槛，无疑将挫伤企业家创业的积极性。现实中一个有助于防范“野蛮人”入侵的制度设计是双重股权结构股票。通过将控制权锁定在业务模式创新的创业团队，看似违反“同股同权”原则的不平等投票权股票却完成了创业团队与外部股东从短期雇佣合约到长期合伙合约的转化，实现双方的合作共赢。例如，2014 年在美国纳斯达克上市的京东同时发行两类股票。A 类股票每股有 1 票投票权，B 类股票每股则有 20 票投票权。出资只占 20% 的创始人刘强东通过持有 B 类股票，获得 83.7% 的投票权，实现了对京东的绝对控制。在双重股权结构下，A 类股持有者把自己无法把握的业务模式创新等相关决策交给具有信息优势的持有 B 类股票的创业团队，实现了专业化分工深化和效率的提升；当创业团队无法实现预期价值增加，被迫出售的 B 类股票将自动转化为 A 类股票，使公司重新回到一股一票、同股同权的传统治理模式，从而实现控制权的状态依存和管理团队的平稳退出。由于具有实现从短期雇佣合约向长期合伙合约转变、控制权的状态依存等控制权安排制度设计上的优良特性，以双重股权结构为代表的不平等投票权成为谷歌、脸书等美国科技类企业上市青睐的实现形式。不仅如此，由于允许公司发行具有不平等投票权的股票，美国成为百度、京东等中国知名企业选择上市的目标市场。

除了双重股权结构股票，阿里巴巴采取的合伙人制度同样是新兴企业值得借鉴的一种控制权安排模式。目前，从阿里巴巴的股权结构来看，第一大股东软银（日本孙正义控股）持股25.8%。阿里巴巴的董事和高级管理人员（包括马云）持股9.0%，而马云本人持股仅6.1%。我们这里显然不能按照传统的股权结构认识方法把阿里巴巴认作日资企业。根据阿里巴巴公司章程的相关规定，以马云为代表的38名合伙人有权力任命阿里巴巴董事会的大多数成员，成为公司的实际控制人。阿里巴巴由此实现了“铁打的经理人，流水的股东”，创造了互联网时代劳动雇佣资本的神话。

谷歌、脸书等美国企业和阿里巴巴、百度、京东等在美国上市的众多中国企业青睐不平等投票权的控制权安排设计，一定程度上反映了在经历接管浪潮中“野蛮人”肆意入侵后，美国业界和学术界对原来被认为不利于投资者权利保护的不平等投票权的重新认识。面对“野蛮人”的入侵，双重股权结构股票的推出将在一定程度上鼓励创业团队围绕业务模式进行长期的人力资本投资。看似不平等的投票权，一方面使持有B类股票的创业团队专注于业务模式创新，另一方面使持有A类股票的分散股东避免对自己并不擅长的业务模式指手画脚，仅仅着力于风险分担，最终在两类股东之间实现了投资回报收益的“平等”。我们看到，在控制权安排模式选择上，推行不平等投票权并非对投资者利益最差的保护，而一股一票也并非对投资者利益最好的保护。

2017年3月2日，美国Snap公司尝试同时发行A、B、C三类股票，成为目前世界上为数不多的发行三重股权结构股票的公司之一。中国香港联交所于2017年6月16日发布市场咨询文件，提出吸纳同股不同权架构的科技网络或初创企业赴港上市。而万科股权之争之所以引人注目，恰恰是由于并购对象万科的管理层是以王石为首的创业团队。万科股权之争很快陷入是应该遵循资本市场的股权至上逻辑还是应该对创业企业家的人力资本投资予以充分激励的争论之中。因此，进入分散股权时代的中国资本市场迫切需要汲取各个地区资本市场发展的成功经验，加速包括不平等投票权在内的控制权安排的制度创新，在鼓励创业团队的人力资本投资和发挥险资等机构投资者外部治理作用之间实现很好的平衡。

第二，通过税收政策制定和必要监管措施逐步减少和消除金字塔式控股结构的层数，改变隐身金字塔式控股结构的资本大鳄投机性资本炒作的动机和途径，促使其未来向公益性和家族信托基金转换。

对于金字塔式控股结构的消除或层级的减少，直接有效的手段是制定反垄断的监管法案和增加金字塔式控股结构总体税负水平的税收政策。回顾各国资本市场的发展历史不难发现，很多国家经历了从金字塔式控股结构盛行和股权集中的股权结构向分散股权转变的过程。我们以洛克菲勒家族的标准石油为例。1870年创立的标准石油在列宁的眼中是典型的托拉斯，即所谓的由许多生产同类商品的企业或产品有密切关系的企业合并组成的资本主义垄断组织形式。20世纪初，标准石油的产量一度占全美的90%。美国国会虽然于1890年制定了美国历史上第一部反托拉斯法《谢尔曼反垄断法》，但直到1911年，美国最高法院才根据《谢尔曼反垄断法》将标准石油拆分为埃克森美孚、雪佛龙等30多家独立企业。20世纪30年代大萧条期间，爱迪生联邦公司的破产导致了1935年美国《公用事业控股公司法案》(PUHCA) 的出台。该法案从防范金字塔式并购带来的财务风险出发，限制公用事业控股公司拥有太多的附属公司和交叉持股。除了规定控股公司控制不能超过两层，该法案同时对公用事业控股公司的行业和区域进行了限定。随着美国电力行业进入管制时代，公用事业控股公司股权越来越分散，以致出现大量的“寡妇和孤儿持股”现象。

除了反垄断执法及限制控股和交叉持股的监管政策，增加金字塔式控股结构的税负同样成为促成美国股权分散公司治理模式的重要举措。一方面，美国政府通过公司间股利税的开征，使控制子公司、孙公司的金字塔母公司处于税负不利状态；另一方面，通过制定针对持有优先股的机构投资者获得股利回报时的税收优惠政策，鼓励机构投资者更多持有没有投票权的优先股，从而避免机构投资者对上市公司经营管理过度干预。与此同时，通过征收遗产税，甚至馈赠税等，鼓励金融大鳄从股权控制向公益性和家族信托基金转变。性质转变后的公益性基金更加关注资金的安全和回报的稳定，而不再简单谋求公司的控制权，以及资本运作和市场炒作。2017 年 3 月 20 日，美国亿万富豪戴维·洛克菲勒去世。从众多的纪念文章中，我们感受到洛克菲勒家族实现财富百年传承的独具匠心的制度安排。通过推出家族信托基金，洛克菲勒家族一方面将财富作为整体使后世子孙从中受益，从而避免由于分家导致的“富不过三代”；另一方面将资产经营权交给专业的信托基金，避免家族成员对经营权的直接干预，有效解决了家族企业传承过程中普遍面临的信任和能力冲突问题。洛克菲勒家族百年财富传承带给我们的直接启发是，看似放弃控制权，实则实现了财富的永续。

经过上述一系列的监管和税收政策调整，美国在 20 世纪二三十年代初步形成了以股权分散为典型特征的公司治理模式。强制性的监管政策出台往往容易产生政策扭曲，借鉴美国当年的做法，我们可以在某些特定行业特定时期采取类似的监管措施，以减少甚至消除金字塔式控股结构的层数。我们看到，如果把不平等投票权等控制权安排设计推出理解为分散股权时代来临时上市公司为了防范“野蛮人”入侵的被动应战，消除金字塔式控股结构及其负面效应则成为我国资本市场对分散股权时代来临的主动顺应。

第三，通过不断完善现有公司治理机制解决中国式内部人控制问题。

中国式内部人控制问题的形成不仅有历史原因，还有复杂的现实因素的影响。解决中国式内部人控制问题将是我国公司治理理论界和实务界未来长期面临的挑战。目前，存在以下可资借鉴和采用的途径。

其一，实现国企高管遴选、薪酬制定的市场化，彻底取消行政级别，由董事会向全社会真正公开选聘，并给予市场化的薪酬待遇，以真正推动国企从管企业到管资本的转化。我国出台了两个关于国企改革的重要文件，一个是《关于进一步完善国有企业法人治理结构的指导意见》，另一个是《国务院国资委以管资本为主推进职能转变方案》。文件精神的核心是使经理层成员选聘、经理层成员业绩考核、经理层成员薪酬管理回归到董事会职权范围。将国资委和中组部对于经营性干部即职业经理人的考核与任免权力还给国企董事会，由此推动国企从管企业到管资本的转化。

其二，股东权利意识的觉醒。当内部人与野蛮人彼此争斗不休时，利益受到损害的往往是外部分散股东。股东需要意识到，手中的股票不仅是可以变现的有价证券，而且股票就是选票。2013年3月31日，合计持股3.15%的个人股东王振华和梁树森向东方宾馆提交了《关于罢免公司全体董事的议案》临时提案。在当年4月15日召开的2013年度股东大会上，上述两位股东提交的罢免全体董事的议案虽然遭到股东大会的否决，但东方宾馆投资大角山酒店的关联交易议案在控股股东回避表决后，同样在这次股东大会上被否决。上述事件由于一改以往在公司治理实践中由控股股东主导、小股东被动选择“以脚投票”的惯例，不仅提出不同于控股股东的新议案，而且否决控股股东提出的旧议案，而被一些媒体形象地称为“小股民起义”。

事实上，东方宾馆事件只是近年来在我国上市公司中发生的诸多“小股民起义”事件之一。伴随着我国资本市场法律环境的改善和中小股民权利意识的增强，“小股民起义”事件近年来呈现爆发式增长。2010—2015年，我国上市公司中至少发生了207起“小股民起义”事件。我们理解，这些“小股民起义”事件不仅是标志我国资本市场进入分散股权时代的典型事件之一，而且将对我国上市公司治理实践产生深远持久的影响。这同时提醒公司治理理论研究和实务工作者，应该把如何使股东真正成为公司治理的权威，使股东大会的投票表决成为体现股东意志、保护股东权益的基本平台提上重要的研究日程。

其三，以独立董事（以下简称“独董”）为主的董事会在内部人和“野蛮人”的控制权纷争中扮演重要的居中调节角色。在英美等国的分散股权结构模式下，如果发生了内部人控制，接管方往往会通过推出金降落伞等计划，对实际控制权进行赎回，从而将纷争双方的损失降到最低。金降落伞计划体现的是妥协的策略和舍得的智慧。金降落伞由此也成为解决控制权纷争可供选择的市场化方案之一。理论上，以信息更加对称的独董为主的董事会在内部人和“野蛮人”的控制权纷争中将扮演重要的居中调节角色。在以独董为主的董事会居中协调下，最终通过股东大会表决，向在位企业家推出金降落伞计划，使其主动放弃反并购抵抗；独董主导的董事会提名委员会在听取在位企业家和新入主股东意见的基础上，按照实现公司持续稳定发展的原则，遴选和聘任新的经营管理团队。这事实上是在英国、美国的很多上市公司中流行除CEO外其余董事会成员全部为独立董事的董事会组织模式背后的原因。然而，由于缺乏独立性和良好的市场声誉，独董要在股权纷争中扮演好可能的居中调节者角色，仍然有很长的路要走。

其四，让规范的险资成为我国资本市场健康发展的积极力量。以险资举牌为特征的并购潮，其积极的意义在于向那些仍然沉迷于“铁饭碗”的内部人发出警告：虽然原来国资背景的大股东可能并不会让你轻易退位，但新入主的股东则可能使你被迫离职。我们需要在借助外部接管威胁警示不作为的经理人和保护创业团队以业务模式创新为特征的人力资本投资之间实现良好的平衡，最终使包括险资、养老金等在内的机构投资者发起的接管威胁作为外部治理机制，成为完善公司治理的重要力量。

现在让我们憧憬一下在上述公司治理监管政策下，我国资本市场的美好未来：上市公司的普通股主要由个人投资者直接持有，而险资等机构投资者主要持有优先股，鲜有复杂的金字塔式控股结构。对于个体投资者，由于并不存在被原来金字塔式控股结构实际控制人进行隧道挖掘的可能性，所持股公司也不会被当作市场炒作的对象，他们的投机动机将相应减弱，开始转向价值投资，甚至开始关心上市公司的治理和经营管理状况。而对于持有优先股从而没有投票权的机构投资者，出于保值增值的目的，既缺乏市场炒作和资本运作的激励，也缺乏相应的条件，近年来我们观察到的我国资本市场频繁发生的股权纠纷就此消于无形。没有了复杂的金字塔式控股结构作为掩护和载体，以往部分腐败官员的权力和资本的勾结由此难以为继，而上市公司由此可推出双重股权结构等控制权安排制度创新，不必再担心“野蛮人”的入侵，专注于公司治理的改善和经营管理的提升，一个健康良性发展的资本市场由此开始形成……

第 4 节

国企公司治理现状

回顾过去 40 年中国经济体制改革历程，由于国企在我国国民经济中的独特地位和广泛影响，其改革始终是中国经济体制改革的中心环节和核心内容。2015 年我国国企掀起新一轮混合所有制改革的大幕。新一轮国企改革的成败对于我国以市场为导向的经济转型的最终实现至关重要。在提出具体的改革措施之前，我们有必要了解国企公司治理的现状，厘清以混合所有制改革为特征的新一轮国企改革的历史逻辑，希望通过所有制的真正混合使国企形成合理有效的股权结构和公司治理结构，在向现代企业转型过程中迈出更加坚实的一步。

改革开放以来，经过几轮改革，目前国企公司治理依然存在以下特征。

第一，部分国企凭借在市场上的垄断地位获取高额利润，形成与民企的不公平竞争，面临公众对国资垄断经营和不公平竞争的不满和愤怒。

国企的利润主要来自垄断企业。我们以 2010 年央企利润情况为例。2010 年，中央企业共实现利润 13 415 亿元，占国企利润总额的 67.5%。2009 年，在央企实现的利润中，中国石油、中国移动、中国电信、中国联通和中国石化等 10 家企业占到 70% 以上。其中，中国石油和中国移动分别实现利润 1 285.6 亿元和 1 484.7 亿元，仅这两家企业的利润就超过了全部央企利润的 1/3。相比民企，国有及国有控股企业的名义绩效不够高。2001—2009 年，国有及国有控股工业企业平均净资产收益率为 8.16%，非国有工业企业平均净资产收益率为 12.9%。其中，2009 年，国企净资产收益率为 8.18%，非国有工业企业净资产收益率为 15.59%。可见，相比民企，国企的名义绩效较低。

我们可以通过对新一轮混改启动前的 2014 年 500 强企业榜单的解读来管窥我国企业发展的现状。在中国企业联合会、中国企业家协会 500 强榜单中出现了 43 家亏损企业，其中只有 1 家是民企，国企成为“重灾区”；亏损企业主要集中在煤炭、钢铁、有色化工、建材、水上运输等领域；300 家国企的亏损面高达 14%，42 家企业合计亏损 726.6 亿元，其中 10 家央企合计亏损 385.7 亿元；200 家民企仅有 1 家亏损，且其亏损额只有 5 000 万元。

国企的利润主要来源于低廉的融资成本、土地及资源租金、政府补贴及税负减免等方面。国企表现出来的名义绩效并非其真实绩效，是国企在享受着种种政策优惠，在和民企不平等的经营环境下所获得的表面绩效。首先，从融资成本方面看，国有及国有控股工业企业平均实际利息率为1.6%，其他企业加权平均的实际利率（视为市场利率）则约为4.68%。若按照市场利率水平重新计算国企应支付利息，2001—2009年利息支付差额共计约27 539亿元，占国有及国有控股工业企业名义利润总额的47%。其次，从土地及资源租金来看，按工业用地价格3%的比例计算工业土地租金，2001—2009年国有及国有控股工业企业共应缴纳租金39 312亿元，占国有及国有控股工业企业名义利润总额的67.2%。如果再考虑商业服务用地，仅2008年一年，国企就应缴纳12 104亿元租金。石油的资源税平均仅为每吨26元，加上按销售收入的1%计征的资源补偿费，我国对石油征收的资源租金不足价格的2%，远低于我国向合资企业征收的12.5%的比例。按照上述比例测算，2001—2009年，国有及国有控股工业企业少缴纳的石油资源租金约为2 437亿元。加上天然气和煤炭等自然资源，国有及国有控股工业企业在2001—2009年共少缴纳资源租金约4 977亿元。再次，从政府对国企的补贴来看，1994—2006年，国家财政用于国企亏损的补贴达到3 653亿元。其中2007—2009年，国有及国有控股工业企业获得财政补贴约为1 943亿元。最后，国企承担的税负水平远低于民企，2007—2009年，992家国企所得税的平均税负为 10%，民企的平均税负达到 24%，民企的税负远远重于国企。因此，若从名义利润总额中将共约 74 914 亿元的应付未付成本和补贴扣除，从账面财务数据中还原企业的真实成本，2001—2009 年，国有及国有控股工业企业平均真实净资产收益率则为 -6.29%。而从新一轮国企混合所有制改革的开展来看，民间资本有望“分一杯羹”。

天然的政治关联和管制垄断导致国企在资源配置中占据优势地位。国企“共和国长子”的角色和国企高管同时身兼企业管理者与政府官员双重身份，使得国企与政府官员具有天然的政治关联。这使国企在资源配置中占据优势地位，甚至可以影响政府的政策方向，使得许多政策的制定对国企给予优惠和倾斜。一些国有上市公司还聘用离任官员担任独立董事，不仅能够获得更大的政策倾斜和扶持力度、减少可能遭到的行政管制、减少公司因违规而受到的监管惩罚等隐性好处，还能获得税收优惠、政府补助两方面的实际利益。

由于拥有强大的政策优势和资源优势，国企的创新和改革动力不足，与民企开展不正当竞争则挤占了民企的发展空间，阻碍了国民经济健康、平衡地发展。

第二，目前政府除了通过国有资产管理链条管资本外，还通过自上而下的人事任免体系和国企领导晋升考核对企业经营产生实质性影响，这使得国企成为存在代理冲突的“新古典资本主义企业”。

现代公司可谓人类最伟大的发明之一，人类历史近 99% 的财富创造是近250年完成的，其中现代公司这种企业组织形式功不可没。而现代公司区别于家庭作坊式的“新古典资本主义企业”的本质在于基于专业化分工思想的资本社会化和经理人职业化，通过所有权和经营权的分离，避免非专业的出资人对职业经理人经营管理决策的干预，以提升企业的运行效率。另外，由于所有者缺位和过长的委托代理链条，国有上市公司逐步形成以董事长为核心的内部人控制格局，存在严重的委托代理问题，代理成本居高不下。因而，国有上市公司既没有摆脱“家庭手工作坊式”的控制权对经营权的干预，无法利用社会专业化分工提高效率，又没有很好地解决家庭手工作坊模式中并不存在的代理问题。对于现代公司出现的所有权与控制权分离导致的代理问题，要依靠公司治理结构的完善来解决，而不是退回到家庭作坊式的“新古典资本主义企业”，通过利用控制权干预经营管理实现。在上述意义上，我国国企未来需要一场“现代公司革命”，首先是使企业所有权与经营权真正分离。

国企公司治理面临多任务的目标冲突。由于在我国国民经济和社会发展中的特殊地位，国企不仅具有一般企业的特征，而且承担了对于普通企业而言难以想象的社会责任，包括稳定物价、促进就业，甚至维护社会稳定等。当国企被当作国家政策的工具时，为实现国家的政治经济意图，国企需要服从国家经济建设和社会发展的大局，为国家的宏观政治经济政策服务。例如，利用国企作为反经济周期调节的手段，使其在衰退期扩大投资；为制止通货膨胀而使国企产品价格降低，或者为避免失业而使国企增加雇佣工人；在对外经济政策中，国企还被用来作为应对国际竞争的重要武器。国企的多任务显然阻碍了市场机制的有效运行，使国企成为一个行政和市场的混合体，无法实现基于专业化分工思想的资本社会化和经理人职业化，通过所有权和经营权的真正分离，避免非专业的出资人对职业经理人经营管理决策的干预，以提升企业的运行效率。其实对于企业而言，最重要的社会责任就是创造利润。

作为公有制的实现形式之一，国企在我国国民经济中具有特殊地位。这些或由中央或由地方各级政府参与投资并控制的国企大多分布在关乎国计民生的重点行业和关键领域，因而有关国企控制权的安排别具匠心。为了维持国家或其代理机构对国有上市公司的控制，我国资本市场一度推出“股权分置”，即一部分国有股票不能上市流通，同股不同权不同价。近年来随着股权分置改革的完成和国有股减持的呼声，控股股东的持股比例出现逐年下降的趋势，但为了实现对上市公司的控制，国资委系统或国有法人作为最大股东所持的股份仍然是控制性的，一股独大的局面并未发生根本性改变。伴随着国企控制权的独特安排，我国国企逐步形成了独具特色的国企高管人事任免体系。国企高管的产生形式上取决于所有权链条，但实质上由上级部门“自上而下”的人事任命实现。

在国企上述“自上而下”的人事任免体系下，国企高管一方面是企业管理层和企业经营发展计划的制订者和实施者；另一方面则具有一定的政治级别，与政府官员一样存在政治晋升的可能与渠道。这使得兼具“经济人”与“政治人”身份的国企高管更像是政府官员而非职业经理人（参见杨瑞龙等学者的研究）。这种政治晋升渠道不仅存在于国企内部、母公司和子公司、同一控股股东旗下企业集团的各级子公司之间，而且还存在于国企与政府部门之间。按照王曾等人的研究，2005—2011年，我国上市公司发生高管变更的 1 125 个观测值中，获得晋升的高管比例高达 30%。

与政府官员类似，由于缺乏活跃的提供外部就职机会的职业经理人市场，国企高管被迫十分看重内部晋升渠道。这表现在国企高管更关心政府主管部门以检查工作为形式的业绩考核，因为这些考核会直接影响他们是否获得政治晋升。同时由于政治晋升不仅会带来更高的薪酬、社会地位和声望，而且有可能给他们带来更大的权力，所以国企高管同政府官员一样有很强的动机努力提高自己获得政治晋升的概率。

为了赢得媒体、公众和上级主管部门的关注，从而在围绕政治晋升开展的“锦标赛”中胜出，国企高管愿意推动短期内有助于提升个人形象，但从长期看却不利于企业持续稳定发展的形象工程，因而我国国企高管政治晋升中存在激励扭曲。对于国企来讲，公益性捐赠似乎是由企业特殊性质决定的义不容辞的责任和日常经营管理活动中必不可少的经济行为。然而，基于 A 股国有上市公司的研究表明，随着高管在任时间增长（职位变动，从而政治晋升的可能性增大），国企的公益性捐赠会显著增加。但是，上述显著增加的公益性捐赠，一方面与国企高管政治晋升的自利动机联系在一起，用于保全董事长的职位，为其未来政治晋升赢得机会；另一方面一些公益性捐赠却未能帮助实现甚至不利于企业未来绩效的改善，从而发挥预期的战略营销功能。因此，晋升理论上的隐性激励作用在国企高管政治晋升体系的实际运行过程中发生了激励扭曲。在上述制度背景下，公益性捐赠这一原本应体现企业社会责任的行为，一定程度上蜕变为国企高管个人为了获得政治晋升而实施的形象工程。包括公益性捐赠、媒体报道、海外并购等在内的国企形象工程由此成为国企内部人控制下外部分散股东需要面对的特殊代理成本。

我国并没有形成统一公开的职业经理人市场，因此，职业关注和经理人声誉等经理人市场运作机制无法发挥预期的作用。在 1 271 个样本观测值中，896 个观测值的经理人来自内部晋升，占样本期全部更迭经理人的 70.5%。232 个观测值的经理人来自所在企业集团内部的岗位轮换，占 18.25%。如果把内部晋升和岗位轮换产生的经理人理解为广义的内部人，则我国上市公司在 2005—2011 年更迭的经理人中有近 90% 不是来自企业外部，而是来自内部。只有 143 个观测值的经理人来自外部聘用，仅占 11.25%。这表明我国外部职业经理人市场尚处在发展的初期，目前并没有形成统一公开的职业经理人市场。

国企中这种自上而下的人事任命体系事实上构成了对董事会作为公司治理权威的挑战，破坏了基于职业关注和经理人声誉运作的职业经理人市场识别经理人能力的有效性。良好的业绩并不能保证现任经理人长期在位，导致现任经理人注重短期绩效，缺乏长期积累。较之西方国家成熟的外部经理人市场，我国的“上级任命”制度降低了上市公司经理人的职业化程度，使职业关注和经理人声誉等经理人市场运作机制无法发挥预期的作用。在企业间竞争越发激烈、市场化程度逐渐加深、大批国企亟须完成现代企业治理改革的当下，选择恰当的经理人选拔任命方法对企业治理效率的改善至关重要。

政府对国企微观经营管理事务干预的一个明证是近年推出的新一轮高管限薪。董事的薪酬包中被认为十分重要的股权激励很少被采用，部分高管受到限薪政策的影响而激励不足，人才流失严重。2014 年 11 月，中共中央、国务院印发了《关于深化中央管理企业负责人薪酬制度改革的意见》（中发〔2014〕12 号），将央企组织任命负责人的薪酬水平分为基本年薪、绩效年薪和任期激励收入三个部分，每个部分的薪酬按照上年度央企在岗职工平均工资的一定倍数来确定。例如，基本薪酬部分不能超过上年度央企在岗职工年平均工资的 2 倍；绩效年薪部分不能超过 6 倍；任期激励收入不能超过该负责人任期内年薪总水平的 30%（约为上年度央企在岗职工年平均工资的 2.4 倍）。通过限薪政策，央企组织任命负责人的薪酬水平将控制在央企在岗职工年平均工资水平的 10.4 倍以内。纵观新一轮限薪政策，其显著特征可以概括为以上年度央企在岗职工年平均工资作为参照系和限薪的实施以中共中央办公厅等印发文件自上而下推进两个方面。虽然上述限薪政策主要针对央企组织任命负责人，但由于所谓“组织任命负责人”和“职业经理人”的边界模糊与相关外溢效应，上述实践毫无疑问将会对我国国企经理人薪酬设计实践产生重要影响。

在评价经理人薪酬是否合理的问题上，基准应是经理人为企业创造多少价值，而不是其他。原因在于，股东对经理人努力程度的信息掌握不完全，这是开展经理人薪酬合约设计的逻辑和事实出发点。经理人激励强弱是依据经理人薪酬绩效敏感性来判断的。有时，向经理人支付高薪酬看起来增加了企业的成本，但如果通过经理人薪酬增加（从而向经理人提供充足的激励）使企业实现更大的价值提升，那就完全值得。大量的经验研究表明，除了企业绩效，经理人风险态度、外部经营环境的不确定性、企业规模和所处产业的竞争程度等都会显著影响经理人的薪酬水平和薪酬结构。如果一家企业的绩效（规模、所处产业竞争状况等）与另一家企业不同，该企业经理人薪酬就有理由与另一家企业不同。经理人薪酬中除了经理人人力资本的补偿，还包含激励因素，同时还是企业家精神的体现，因此不能简单通过与普通雇员平均工资相比来体现公平。这提醒理论界与实务界应该重新思考新一轮高管限薪以上年度央企在岗职工年平均工资作为参照系的合理性。

我们知道，当信息不完全时应该由更具信息优势的一方来主导相关合约的设计和实施。例如，由于作为公司治理核心的董事会在评价企业绩效等问题上更具信息优势，因而在公司治理实践中经理人薪酬设计和实施通常是由董事会（薪酬委员会）来完成。这充分体现了现代组织授权结构与信息结构相匹配的原则。而目前新一轮高管限薪则由不具有信息优势的政府部门来主导薪酬制定，这显然与上述原则相违背。

研究表明，我国部分上市公司确实存在经理人超额薪酬现象。但解决经理人超额薪酬的正确思路不是通过政府部门一刀切的限薪，而是通过监管当局要求上市公司董事会（薪酬委员会）对经理人薪酬的自查实现。在自查过程中，董事会应以经理人薪酬绩效敏感性作为评价基准。如果企业绩效下降，而经理人薪酬却在增加，显然是不合理的薪酬设计，应该予以纠正。事实上，经理人超额薪酬的出现恰恰是不合理公司治理结构存在的证据，需要通过完善公司治理结构来实现，而不是也不可能通过简单限薪来解决。

第三，由于产生来源、更迭机制中经理人权力的影响和董事会任人唯亲文化的存在，独立董事并没有发挥预期的监督经理人的作用。

独立董事是指除了担任公司的董事外，与公司没有任何家族、商业联系的董事会成员。作为完善我国上市公司治理结构的重要举措，借鉴西方国家的成熟经验，我国资本市场于2003年在上市公司中全面推行独立董事制度。独立董事至少在形式上成为我国上市公司治理最基本和重要的制度安排之一。由于受到制度设计和董事会文化的双重影响，独立董事并没有很好地发挥预期的监督经理人的作用。

独立董事的产生需要由作为监督对象的国企董事长或经理人推荐和面试，董事长或经理人的上述权力使得独立董事监督作用的发挥先天不足。由于董事长（经理人）在提名董事进入新一轮董事会中扮演十分重要的角色，成为董事所带来的薪酬、名誉和社会交往便利使每一位希望在下一届董事会选举中重新获得提名的董事受激励讨好经理人。一方面，经理人绩效考核和薪酬制定由董事来完成；另一方面，经理人会反过来参与董事的年薪和津贴的制定。更重要的是，一名董事一旦给人留下“喜欢与经理人对抗”的印象，将很难获得被其他公司邀请加入董事会的机会。出于上述几个方面的考虑，董事在监督董事长或经理人问题上通常表现得十分暧昧，容易妥协。我们看到，由于独立董事的产生需要董事长（经理人）的推荐、面试，其薪酬政策制定需要董事长（经理人）的参与，制度设计上的根源和缺陷使独立董事很难发挥预期的独立监督作用。

由于尚未形成成熟的独立董事市场，独立董事一般在董事长或经理人的朋友，或朋友的朋友中产生，浓郁的任人唯亲文化制约着独立董事有效发挥监督作用。任人唯亲的董事会文化一方面在制度根源上可能离不开董事长或经理人手中的权力，另一方面则可能是与熟人社会相关的文化和社会连接相互影响的结果。从尊敬经理人权威的文化和社会规范出发，董事通常不愿出面阻挠薪酬计划等，以免破坏与经理人良好的同事关系。

一些上市公司引入独立董事的目的不是为了监督经理人，而是建立政治关联。有研究表明，民营企业负责人通过成为人大代表或政协委员建立政治关联对公司绩效改善具有正向影响。政治关联身份有助于民营企业从商业银行获得更多贷款，并获得政府税收补贴。很多民营企业愿意聘用具有官员背景的独立董事，不是为了让其监督董事长或经理人，而是为了建立政治关联。其实质是公司以独立董事的方式支出薪酬，由官员背景的独立董事为公司谋取政治经济利益的交易行为。既然聘请独立董事的目的就是建立政治关联，显然我们并不能寄希望于这些独立董事去监督董事长或经理人。

为了杜绝通过上述方式建立政治关联进而以权谋私，开展不公平竞争，2013年10月19日，中共中央组织部下发《关于进一步规范党政领导干部在企业兼职（任职）问题的意见》。该意见颁布后，A股上市公司迅速掀起独立董事离职潮。至2014年6月初，沪深两市共有268人主动请求辞去独立董事职位，涉及约300家上市公司。平均每月有33名独立董事递交辞呈，平均每天至少一名独立董事辞职（据《经济参考报》）。如此之多的官员背景人士出任独立董事，成为我国上市公司治理实践中十分独特的现象。

独立董事难以实质参与上市公司重要经营决策并提出可能

的政策建议。上海证券交易所 2013 年发布的一份报告指出，当年共有 26 家公司的 38 位独立董事对相关事项提出过异议，占独立董事总人数的 1.23%。而根据《2007 年沪市上市公司独立董事履职情况分析》，2007 年仅有 1.5% 的独立董事提出过异议。我们看到，独立董事在五年间发表异议的情况并没有太大变化，甚至出现下降趋势。绝大多数独立董事依然从未发表过反对董事会决议或违背控股股东及其控制下的管理层意志的反对意见。根据上海证券交易所 2013 年的报告，超过 1/3 的独立董事表示自己无法获得与内部董事同等的信息，以支持自己做出独立判断、发表独立意见；甚至有约 1/7 的独立董事表示所任职公司曾欺骗自己或阻挠自己行使职权。在缺乏必要信息的情况下，独立董事既不能盲目附和，也不能随意否决，只能弃权。这使得独立董事难以实质参与上市公司重要经营决策，并提出可能的政策建议。即使是那些发表反对意见的独立董事，由于投出的反对票往往未被采纳或未被完全采纳，他们仍然难以实质影响上市公司的决议。例如，ST 南华的独立董事曾经提议罢免长期不履行职务的董事长，然而该提议被股东大会否决，相关建议流产；中视传媒的独立董事提议在租赁合同中补充正式律师的鉴定意见，同样未被采纳；类似情形还出现在厦门汽车、ST 民丰、力元新材和华冠科技等多家上市公司中。

固定津贴制下的独立董事激励不足。与成熟市场经济国家一些上市公司主要依靠股权激励计划等来向独立董事提供激励不同，截至2011年年底，我国约94%的上市公司向其独立董事支付的仍然是津贴性的固定薪酬。而薪酬合约设计中十分重要的股权激励计划在我国独立董事薪酬实践中明确不允许采用。中国证监会2005年颁布的《上市公司股权激励管理办法》（试行）第八条明确规定：股权激励计划的激励对象可以包括上市公司的董事、监事、高级管理人员、核心技术（业务）人员，以及公司认为应当激励的其他员工，但不应当包括独立董事。作为对照，在世界500强企业中，50%以上企业向独立董事发放股权激励，甚至有5%的企业其独立董事收入全部来自股票。一个明显的事实是，基于个人绩效和风险分担的差别化薪酬设计，显然会向独立董事提供更强的激励，将优于固定薪酬的独立董事薪酬模式。

我们注意到，以往公司治理理论和实践更多关注的是经理人的薪酬设计问题，为经理人设计薪酬激励方案的独立董事其薪酬设计问题长期以来或者被忽视，或者简单假设独立董事自身的激励问题已经得到很好解决，因而他有动力履行监督经理人和进行战略咨询的职责。然而，正如有学者指出的，董事会在成为解决经理人与投资者之间的利益冲突所引发的代理问题的潜在工具的同时，自身同样存在代理问题（独立董事是股东的代理人）和相应产生的激励问题。因而，如何激励独立董事，使他们能够“像股东一样思考”，至少同公司治理理论和实践传统上关注的经理人薪酬设计问题一样重要。

独立董事更迭乱象丛生，逆淘汰现象严重。理论和公司实务上，来自公司外部的独立董事的更迭并不需要也不应该与董事长的非常规更迭同步。但在一些公司，无关公司重组、企业绩效不佳、遭到监管当局处罚以及独立董事出具保留意见，并未届满的独立董事在董事长非常规更迭不久竟也会出人意料地更迭，因而在我国上市公司的独立董事更迭中存在“一朝天子一朝臣”现象和任人唯亲的董事会文化。对于一家存在任人唯亲董事会文化的企业，董事长事实上将成为企业日常经营管理决策和决定董事会成员升迁的“天子”，而包括独立董事在内的董事会成员则相应异化为“驯服的朝臣”。上述文化的存在无疑将改变独立董事制度设计希望通过聘请独立董事来提供“来自外部的”“独立的”监督的初衷，削弱独立董事监督的有效性，这也是独立董事无法发挥预期的公司治理作用的现实原因之一。

除了随着前任董事长离职独立董事更迭的“一朝天子一朝臣”现象外，独立董事更迭还存在其他乱象，这些乱象都是我国上市公司存在任人唯亲的董事会文化的表征。例如，某地产独立董事劼某在任满两届 6 年以后，离开 3 年之后再度被聘为独立董事；某水泥公司独立董事康某任独立董事两届到期以后被推荐为监事，之后董事会换届时再度成为独立董事。这些例子除了表明案例企业至少在选聘独立董事过程中存在不规范行为和任人唯亲倾向，还在一定程度上揭示了我国公司治理实践中，很多上市公司仅仅把独立董事的设置视为满足监管要求的举措，而不是希望引入一个独立的监督者。

与独立董事更迭相关的另外一个重要问题就是独立董事的逆淘汰。如果一个独立董事曾经出具过保留意见，那么他将很难获得其他公司的聘任，从而存在所谓的逆淘汰现象。在逆淘汰的氛围和任人唯亲的文化背景下，独立董事预期到一旦说“不”，不仅离职的可能性提高，而且很难再获得其他公司的聘任。说“不”需要付出如此高昂的成本，迫使独立董事往往选择沉默、奉承，甚至迎合或勾结。

我国上市公司全面推行独立董事制度已经十多年了。虽然独立董事在提高信息披露的可信程度、增加上市公司关联交易的成本等方面功不可没，但由于以上原因，独立董事监督董事长与经理人的作用与预期存在较大差距。未来，我们需要从制度设计和文化根源两个方面积极加以改进，努力形成“和而不同”的董事会文化，使我国上市公司的独立董事制度健康良性发展，并最终成为在公司治理中发挥重要作用的基础性制度安排。

第 5 节

国企混合所有制改革的历史逻辑

在前面回顾我国国企的治理业态、公司治理问题和总结国企公司治理现状的基础上，本节尝试总结以混合所有制改革为特征的新一轮国企改革所遵循的历史逻辑。

第一，混合所有制改革有助于平抑公众对国资垄断经营和不公平竞争的不满和愤怒。部分盈利国企的高额利润与市场的垄断地位和由此形成的与民营企业的不公平竞争密不可分。而从新一轮混合所有制改革的开展中，民营资本有望“分一杯羹”。

第二，混合所有制改革是我国以市场作为资源配置的基础性制度初步建立的条件下，实现国有资产保值增值目的的重要手段。从中国企业联合会、中国企业家协会前不久发布的“2014 年全国企业 500 强”榜单我们看到，国有资产的保值增值压力很大。

第三，混合所有制改革是国企改制资本社会化传统逻辑的延续。在过去一轮混合所有制改革中，国有企业先后实行了股份合作制和企业集团部分控股公司上市等改制形式。股份合作制是通过雇员持股实现的，而上市则是通过公开发行股票实现的。如果我们把股份合作制的推行理解为资本在企业内部的社会化，部分国有企业上市则可以理解为资本在更大范围的社会化。目前大量的国有资产通过形成庞大的企业集团置于各级国资委主导的国有资产管理链条。处于金字塔底端的部分企业是已经完成资本社会化的上市公司，但在中端和顶端还存在大量尚未完成资本社会化的国有企业。它们以及其他未上市的国有企业或企业集团将成为新一轮混合所有制改革的重点。

第四，混合所有制改革旨在通过引入其他性质的股份，提高国有资本的运营效率。这主要通过两个途径来实现：一是引入战略投资者，在实现融通资金的同时延拓经营领域和范围；二是混合所有制改革将有利于企业形成合理的治理结构。盈利动机更强的民间资本的引入，将有效推动公司治理结构的变革和完善，以保障自身权益。

第五，混合所有制改革将体现国有资产管理理念的革新——从经营企业到经营资本。目前国有企业的基本经营模式除了通过国有资产管理链条“管资本”外，还通过自上而下的人事任免体系和国企领导晋升考核事实上对企业经营产生实质性影响。这使得国企所有权与经营权无法真正分离，在企业组织形态上类似于家庭作坊式的“新古典资本主义企业”。但传统的“新古典资本主义企业”由于所有权与经营权统一并没有代理冲突，而国有企业则由于所有者缺位和较长的委托代理链条，成为存在代理冲突的“新古典资本主义企业”。对于现代公司出现的所有权与控制权分离导致的代理问题，则要依靠公司治理结构的完善实现，而不是退回到家庭作坊式的“新古典资本主义企业”。我们看到，目前不仅管资本还要管企业的国企既没有利用社会专业化分工提高效率，同时也没有很好地解决代理问题。在上述意义上，我国国企未来需要一场“现代公司革命”。

那么，如何才能真正实现所有制的混合呢？一般而言，一项新的改革措施只有成为可自我实施的制度安排（即所谓的纳什均衡），才意味着取得根本成功。而一项可自我实施的制度安排需要满足两个基本条件。其一是民企以及除了国有资本外的其他社会资本，通过成为国企的（财务或战略）投资者，给自身带来的投资回报将高于其他投资的回报（机会成本）。这是所谓的个体理性参与约束。由于民间资本可以利用混合所有制改革的契机参与并分享以往国有企业才能享有的高额垄断性利润，这个条件看起来似乎并不难满足。

其二是国有资本与民营资本要激励相容。或者说，无论对国有资本还是民营资本，所有制的混合都要做到真正有利可图。国有资本最根本的利益是促进国有资产的保值增值，以增进全社会的福利。开展新一轮混合所有制改革的根本目的之一就是实现国有资本的保值增值，因而对于国有资本有利可图是不言而喻的。而民营资本参与混合所有制改革的最大担心在于作为控股股东的国有资本对民营资本可能的侵吞和掏空。大量的研究文献表明，控股股东会以关联交易、资金占用（应收、应付、其他应收、其他应付）和贷款担保等方式，对所控制的控股公司实施挖掘和掏空，从而使外部分散股东的利益受到损害。因此，要使民营资本从资本的混合中有利可图，就需要建立平衡和保障不同性质股份利益的制度安排。对于民营资本而言，如果作为控股股东的国有资本能够做出不利用控股地位来侵吞、隧道挖掘民营资本利益的可置信承诺，民营资本在所有制的混合中就有利可图，从而变得激励相容。当然激励相容约束条件满足的前提是国有资本所做出的承诺必须是可置信的。因而，如何使国有资本所做的相关承诺变得可置信，成为混合所有制改革成功的关键。

2008年国际金融危机中美国政府的救市实践以及阿里巴巴美国上市带来的新兴市场公司治理结构创新的思考，为我们进行混合所有制改革的相关制度设计带来启发。我们首先看美国政府的救市实践。从动用财政资金对陷入危机的企业直接国有化，到持有不具有表决权的优先股，再到仅仅为银行贷款提供担保，美国政府救市政策三个阶段变化的共同考量是如何避免政府对微观层面企业经营管理决策行为的干预，因为经营管理企业并不是缺乏当地信息的政府的专长。这被一些分析者认为是美国近年来经济强劲复苏的制度设计原因之一。阿里巴巴通过推出类似于不平等投票权的合伙人制度在美国成功上市。那么，阿里巴巴的股东为什么会选择放弃部分控制权，转而把更多的控制性权力交给以马云为代表的合伙人？一个很重要的理由是，由于新兴产业的快速发展，投资者对很多业务模式根本无法把握。而此时把更多控制权交给具有信息优势、能有效把握业务模式的马云团队，而自身退化为普通的资金提供者，对于外部投资者而言显然是最优的安排。这是外部分散投资者基于新兴产业快速发展和对于业务模式的信息不对称的现状做出的理性选择。

上述实践带给混合所有制改革的直接启发是，也许国有资本可以考虑通过持有（附加一定条件同时达到一定比例的）优先股来向民营资本做出排除隧道挖掘、直接干预和经营企业的庄重承诺，以更好地实现国有资产的保值增值目的。

按照上述模式完成混合所有制改革后，国有资本运行机构将根据上市公司过去的业绩表现和公司治理状况增持或减持优先股，来引导市场对上市公司的评价。这是通过标准的市场行为而不是行政途径来向上市公司施加改善业绩表现和公司治理的外在压力。国有资本由此扮演着没有表决权的机构投资者的积极股东角色。董事会由具有表决权的其他外部股东选举产生，并成为公司治理的真正权威。公司高管由董事会从职业经理人市场聘用。独立董事制度则需要从制度设计和文化根源两个方面积极加以改进，在独立董事产生、履职和更迭等程序上保证其独立性，并使其成为发挥重要公司治理作用的基础性制度安排。除了内部治理机制，混改后的公司还要借助严格信息披露等市场监管、法律对投资者权利保护举措（举证倒置、集体诉讼）的推出以及媒体监督、税务实施等，共同形成公司治理的外部制度环境。

可以预料的是，在混改过程中会遇到各种潜在的问题。其中十分突出的问题有两个。第一，在资本市场资源配置能力和途径存在限制的条件下，谁应该成为资本社会化的对象？如何公平地实现资本社会化？在没有做好充分准备的情况下盲目进行混改，必然会引致暗箱操作下的资产流失和设租寻租行为。对于这一问题，借助媒体等外在监督的公开招投标甚至大力反腐或许能够成为有效的对策。其中，利用现有资本市场的资源配置能力整体上市是可行的选择之一。第二，国有资本的代理人问题。国有资本最根本的利益无疑是前面提及的国有资产的保值增值，以增进全社会的福利，但国有资本代理人的利益则可能是设租寻租。因此国有资本的代理人会成为混合所有制改革推进的主要阻力之一。对这一问题的解决则有赖于不断建立和完善民主、科学、公平、正义的决策机制和决策环境。

2 CHAPTER

第2章

国企混改的理论基础

国企混改实践面临的诸多困惑和指导理论存在争论表明，理论界和实务界需要为新一轮国企混改寻找新的理论基础。概括而言，国企改革面临两大问题：一是一股独大下监督过度的问题；二是所有者缺位引发的经理人激励机制的设计者的长效激励机制缺失问题。用一种通俗的表述，国企面临的困境是“不该管的乱管，该管的却不管”。因此，国企混改新的理论基础离不开对“不该管的乱管，该管的却不管”这一国企弊病对症下药。

对于国企所面临的“不该管的乱管，该管的却不管”等问题，一个根本的解决途径是通过在股权结构上所有制的混合（所谓的“混改”），形成股东之间制衡与分权控制格局，建立主要股东之间的竞争关系，引入一种自动纠错机制。由此，混改后的国企不仅可以有效地避免大股东一股独大容易导致的监督过度和决策失误，同时可以形成对经理人的制约，避免内部人控制问题的出现。因而，分权控制理论成为新一轮国企混改的重要理论基础之一。它与现代产权理论以及长期合伙理论共同构成了今天中国国企积极推进的混改实践的理论基础。

第1节

国有企业未来需要一场“现代公司革命”

在现代股份有限公司出现之前，流行的企业组织方式是被称为“新古典资本主义企业”的家庭手工作坊。家庭手工作坊是手工业从传统农业中分离出来这一社会分工的产物，体现的是人类在资源稀缺的前提下为了改善资源配置效率进行专业化分工的逻辑。人类文明演进的步伐随着工业革命的发生和现代股份有限公司的兴起而再次提速。作为筹集大量资金的一种标准方式，现代股份有限公司突破了家庭财富的限制，实现在全社会范围内的资金融通和风险分担，可以使经营者专注于经营管理与技术创新本身，由此出现了资本提供者与经营管理者之间的分工。巴特勒把股份有限公司理解为“近代人类历史中一项最重要的发明”，强调“如果没有它，连蒸汽机、电力技术发明的重要性也得大打折扣”。我们看到，区别于“新古典资本主义企业”的现代股份有限公司在实现了资本社会化的同时实现了经理人的职业化，其背后的逻辑依然是当年家庭手工作坊从传统农业社会分离出来的专业化分工。

现代股份有限公司对人类文明的贡献由于20世纪二三十年代突如其来的全球经济大萧条和理论界与实务界对大萧条的反思而被忽略。其中最具代表性的是美国学者伯利和米恩斯所著的《现代公司和私有财产》(1932)一书。理论界和实务界从此将更多关注目光投向现代股份有限公司由于所有权与经营权分离所产生的代理冲突。从代理问题这一被认为是现代股份有限公司的痼疾出发，强调对“控制权占有”的逻辑逐渐代替强调“专业化分工”的逻辑而成为现代股份有限公司的“主流意识形态”。

总结企业组织形式的演进历史，我们可以按照专业化分工程度高低和代理问题是否严重两个维度将现有企业总结为如表2-1所示的四种类型。

表2-1　按照专业分工与代理严重程度划分的企业类型

		专业化分工程度	
		低	高
		既管资本又管企业	外部融资，风险共担 职业经理人
代理问题	不严重	**家庭手工作坊** “新古典资本主义企业”	**现代股份有限公司** 建立良好公司治理结构
	严重	**国有企业** 委托代理链条长和所有者缺位	**股份有限公司** 尚未建立良好公司治理结构

处于左上的是专业化分工程度低，但代理问题并不严重的企业类型。家庭手工作坊是这类企业组织形式的典型例子。在家庭手工作坊，作坊主既是所有者同时也是经营者，因而该类企业组织形态专业化分工程度较低，生产效率相应较低。但由于家庭手工作坊所有权与经营权是统一的，并不存在外部职业经理人与股东之间的代理冲突，因而代理问题并不严重。

处于右下的是专业化分工程度高，但代理问题严重的企业类型。在20世纪二三十年代美国最大的200家公众公司中，由大股东拥有并控制的公司不到5%，占公司数量44%的公司和占财产58%的公司由所有权相当分散的少数股东和管理者拥有。然而这些公司在实现了资本社会化与经理人职业化的同时，并没有形成合理的治理结构。这些公司代理问题严重的缺陷在20世纪二三十年代发生的经济大萧条中集中爆发，很多企业破产倒闭。它们的故事不幸成为后来伯利和米恩斯提出的著名“担心”的佐证。

处于右上的是专业化分工程度高，但代理问题并不严重的企业类型。在这些公司中，一方面是以资本社会化与经理人职业化为特征的高度专业化分工，另一方面是通过基于绩效的经理人薪酬合约设计与股票期权激励计划的推出，以外部董事为主（甚至除了CEO为唯一内部董事外其余均为外部董事）、董事长与CEO两职分离的董事会的构建，来解决经理人与股东之间的代理冲突。经过近百年的无数次公司治理革命的洗礼，逐步建立起良好公司治理结构的现代股份有限公司目前成为很多国家重要的企业组织形式。

处于左下的企业一方面所有权与经营权没有有效分离，专业化分工停留在低级阶段，另一方面是代理问题严重。对照我国目前的国有企业，它恰恰同时具备了这两个特征。

目前，中央和地方政府除了通过国有资产管理链条“管资本”外，还通过自上而下的人事任免体系和对国企领导晋升考核对企业经营产生实质性影响。此外，除了生产经营创造利润，国企还需要承担包括稳定物价、促进就业甚至维护社会稳定等社会责任，使国企置身于多任务多目标的经营管理状态。上述种种管人、管事、管资产的制约和限制使得国企所有权与经营权无法真正分离，在企业组织形态上十分类似于“新古典资本主义企业”。

正是由于上述经营权与所有权混淆状况，预期代表股东来监督 CEO 的国有企业董事长在中国公司治理实践中演变成事实上的 CEO。与此同时，由于大家熟知的国有企业所有者缺位和长的委托代理链条问题，国有企业形成以董事长为核心的内部人控制格局，代理问题严重。因而，国有企业既没有摆脱家庭手工作坊式的控制权对经营权的干预，无法利用社会专业化分工提高效率，又没有很好地解决家庭手工作坊并不存在的代理问题，使得国有企业看上去像是存在代理问题的“新古典资本主义企业”。

在未来国有企业改革的路径选择上，对现代股份有限公司的历史回顾和逻辑总结带给我们以下启示。

第一，专业化分工与公司治理完善是现代股份有限公司演进过程中两个处于不同层次和阶段的问题。专业化分工是现代股份有限公司的灵魂和精髓，是第一层次的问题。而作为实现专业化分工代价引发的职业经理人与股东之间的代理冲突是衍生出来的第二层次的问题。在理论和实践中，应该避免将更为基本的专业化分工问题与解决代理问题的完善公司治理结构混淆起来，简单地用完善公司治理结构的提法和实践来代替基于专业化分工构建真正意义上的现代股份有限公司。因此，国有企业改革的相关文件中提出从“管企业”到“管资本”是一个意义十分重大的进步，因为它遵循了现代企业演进的内在逻辑，抓住了问题的根本。

第二，专业化分工与公司治理结构完善是处于现代公司发展不同层次和阶段的问题，决定了国有企业未来改革将具有鲜明的阶段特征。在国有企业改革的第一阶段，首先应该解决的是处于第一层次的专业化分工问题，即从原来“管人管事管资本”的“管企业”革新为“管资本”，使经营权真正落实到从市场产生的专业经营管理团队，实现经营权与所有权的真正分离。在国有企业改革的第二阶段，在保证国有企业成为所有权与经营权真正分离的现代股份有限公司的基础上进一步通过完善公司治理结构来解决第二层次由于所有权与控制权分离导致的代理冲突问题。对于现实中突出的国有资产流失等问题，我们应该依靠加强信息披露等，形成合理公司治理结构来加以解决，而不是以牺牲专业化分工，强调控制权的占有，简单从所有权与经营权分离的现代股份有限公司退回到既管资产又管企业的“新古典资本主义企业”了事。

事实上，早在明清时期的山西票号经营中，中国已经出现作为职业经理人的“掌柜”和作为股东的“东家”分工的雏形；设立于清末洋务运动时期在全社会范围内“招商引资”的轮船招商局成为中国近代第一家现代意义上的股份有限公司。但由于强调对控制权的占有，无法使经营权从控制权中有效分离出来，1872 年设立的轮船招商局虽然使“中国人从此有了自己的蒸汽轮船”，但并没有使中国借助现代股份有限公司实现更深层次、更广范围的专业化社会大分工。

因此，国有企业未来需要一场“现代公司革命”，通过实现从“管企业”到“管资本”，使经营权真正从所有权中分离出来。

第2节

20年后国企改革理论再争论

长期以来，哈特发展的现代产权理论被认为是中国国企改革的理论基础之一。例如，在2018年召开的哈特教授参加的一次国企改革研讨会上，一些学者从哈特发展的现代产权理论出发，指出产权理论的核心重要性就在于大量激励机制的核心内容，只有解决了产权问题之后才有可能解决。没有解决产权问题之前，试图模仿市场的运作，试图去模仿私有制的运作，实际上是模仿不出来的，这是产权理论最核心的内容。

与这些学者强调产权重要的观点不同，一些学者强调激励机制设计在包括政府产业政策制定等问题上的重要性。他们认为，政府之所以无法设计出好的产业政策，只是由于政府没有很好地借鉴激励机制设计的思想。不是产业政策本身不好，而是产业政策设计得不好。他们强调，应该把激励机制设计思想广泛应用于产业治理，甚至国家治理，治理的本质就是机制设计。看起来这些学者的观点更针对政府在产业政策的制定上，但毫无疑问，其逻辑同样适用于国企。

在中国国企改革40年的历程中，始终存在着产权重要还是激励机制设计重要的理论争论。20世纪90年代中期林毅夫等学者围绕国企改革究竟是从产权改革入手还是从完善市场竞争环境入手展开争论。时隔20多年，学者围绕国企改革产权重要还是激励机制设计重要开展了一场新的争论。

为了表述方便，我们把强调产权重要的学者称为“产权派”，把强调激励机制设计重要的学者称为“激励派”。我们看到，同样是激励派，在围绕激励机制设计重要的问题上，新的学者与早期学者侧重点略有不同。早期学者强调的市场竞争是相对自然的制度环境提供的外生激励机制，而后来的学者则从基于博弈论分析工具委托代理框架下的现代激励机制思想出发，强调如何内生设计激励机制，以解决信息不对称下拥有私人信息的代理人的逆向选择和道德风险问题。类似于激励派内部的差异，新产权派更加强调国企改革只有在解决了产权问题之后才有可能解决经理人激励机制，而早期产权派则强调与竞争市场机制完善相比，从明确市场主体的产权改革入手更容易推动国企改革。

我们关注的问题是，是否国企改革只有在解决了产权问题之后才有可能解决经理人激励机制？是否国企改革只要很好地借鉴激励机制设计思想，即使是政府这种典型的代理人也能够制定出好的产业政策来？

在我们看来，无论是新产权派还是新激励派至少在国企改革的语境下都存在一定的认识误区。

我们首先讨论新产权派在只有在解决了产权问题之后才有可能解决经理人激励机制认识上存在的一些误区。从现实中的合约总是不够完全详备的视角出发，哈特指出，由于投资者担心在不完全合约下（专用性）投资后会被事后敲竹杠，事前进行投资的激励就会不足。那么，如何鼓励投资者进行投资呢？哈特认为，只有使投资者成为所有者，享有对不完全合约未规定事项的剩余控制权，才能使投资者愿意进行投资。该理论很好地解释了一个投资者即使并不熟悉一个公众公司的CEO，却愿意投资该公司，成为该公司股东的“现代股份公司之谜”。原因是投资者在购买公司股票成为股东之后，上市公司向其做出了集体享有受法律保护的所有者权益这一可置信承诺。

我们注意到，哈特的现代产权理论确实涉及激励问题的讨论，而且强调产权安排对激励提供的重要性。但需要指出的是，哈特这里关注的激励是特指投资者担心（专用性）投资后（由于合约不完全）被敲竹杠，“事前专用性投资的激励不足”中的激励问题。换句话说，哈特关心的是如何通过体现剩余控制权的产权安排，鼓励投资者购买公司的股票，成为公司股东的“投资激励”问题。而这显然并非基于委托人与代理人信息非对称框架下，委托人（例如股东）向代理人（例如经理人）开展激励合约设计，以解决逆向选择和道德风险问题，协调委托人与代理人利益的这一激励问题。前者是从合约不完全会导致事后敲竹杠视角强调事前的对合约不完全部分剩余权利的产权安排，并不太多涉及信息问题，而后者则是从委托人与代理人信息不对称出发，强调委托人以信息租金为补偿，鼓励代理人说真话的激励制度安排。因此，哈特现代产权理论中的此激励非委托代理理论中的彼激励。这些新产权派学者之所以做出只有在解决了产权之后才有可能解决经理人激励机制的判断，是把用于解决股东投资激励的产权安排问题与对经理人本身开展的激励机制设计问题混淆起来。这事实上是对哈特现代产权理论的误解。

同样重要的是，哈特的“产权安排重要”观点近年来受到来自包括中国企业阿里巴巴和京东等在内的同股不同权实践的挑战。哈特教授本人也认识到这一点。我们以京东和阿里巴巴为例。在发行 AB 双重股权结构股票的京东，与持有 B 类股票股东 1 股 20 票表决权相比，持有 A 类股票的股东 1 股只有 1 票表决权；在阿里巴巴的合伙人制度下，之前持股 31.8% 的软银和 15.3% 的雅虎放弃了在董事会中委派董事的权力，软银仅仅委派了 1 名没有投票权的观察员。令那些新产权派学者感到惊讶的是，京东 A 类股票持有人和阿里巴巴合伙人制度下的大股东软银和雅虎等部分放弃甚至全部放弃控制权，却依然愿意成为京东和阿里巴巴的股东。这显然不是哈特的现代产权理论能够解释的。

如果说新产权派不仅存在对哈特理论的误解，而且其理论本身在遭遇来自京东、阿里巴巴实践的挑战后也存在认识的误区，那么新激励派所鼓吹的只要很好地借鉴激励机制设计思想，即使是政府这种标准的代理人也能够制定出好的产业政策的观点同样难逃存在认识误区的指责。

从激励机制设计理论的发展现状来看，激励机制设计理论目前远没有解决“一对多”和“多对多”的激励合约设计问题，而国企目前由于长的委托代理链条和国企高管“政治人”与“经济人”的多重身份，在实践中往往是“一对多”和“多对多”的激励合约设计问题。在激励合约设计的相关理论中，目前在理论上仅仅解决了两个，最多三个（同质的）个体之间的激励机制设计问题。前者如（同质的）股东作为委托人对（同质的）经理人作为代理人的薪酬合约设计；后者如梯若尔等在三方博弈中防止其中两位代理人合谋的相关讨论。

即使是一些相对成熟的激励机制设计思想，由于缺乏实际可操作性，很大程度上依然停留在理论研究层面，与现实工商管理实践仍然存在不小的距离。一个典型的例子是，股权激励曾经被詹森和麦克林（1976）认为是基于激励机制设计思想，协调经理人与股东代理冲突的重要途径。但由于缺乏对经理人真实业绩的有效衡量方法，在安然会计丑闻等事件中，出现高管行权前操纵股价，甚至进行会计作假的现象。詹森之后不得不修正之前的观点，把股权激励称为“经理人激励的海洛因”。

不仅如此，围绕偏好迥异和约束各异的众多个体和组织开展激励机制设计，无论在理论上还是实践中显然都并非易事。现实经济生活中由不同的组织和个人组成的供给者和需求者不仅偏好迥异，而且面临的约束各异，甚至一些供给者本身同时是需求者。经济学家阿罗曾经提醒我们，由于个体偏好的差异，通过“偏好的简单排序和加总”并不能得到一个社会总的需求函数，从而制定出令社会上所有人（获得剩余的）满意的价格。

事实上，如果我们把计划经济比作一场“一对多”和“多对多”的激励机制设计实验，从目前的经验证据来看，包括中国在内的很多国家市场导向的经济转型一定程度上宣告这一实验的失败。我们看到，新激励派所鼓吹的激励机制设计在国企改革中的重要性的观点同样受到上述理论和实践的挑战。

从新激励派相关观点所遭遇的上述现实理论和实践挑战出发，自然引申出的一个更为根本的问题是，谁有动力为国企经理人引入和设计有效的激励机制?

这一问题事实上有两层含义。其一，设计出一个有效的经理人激励合约对于设计者本人能够带来好处。其二，设计者本人能为错误的设计承担后果。已经建立了完善的公司治理构架，形成以股东为公司治理权威的现代股份有限公司在一定程度上同时满足了这两个方面。例如，薪酬合约设计看起来向经理人付出了高的薪酬成本，但激励充分的经理人将为股东带来更多的投资回报，因而股东有动力为经理人设计出一个有效的薪酬激励合约；以真金白银投资上市公司的股东，尽管以出资额为限承担有限责任，但毕竟要为在股东大会上参与投票表决所做出的错误决策承担相应的经济后果。

对照中国国有企业目前开展的混合所有制改革实践，我们看到，比较之前“花别人的钱办别人的事，既不讲节约也不讲效率”的国企，通过引入盈利动机明确的民营资本开展的混合所有制改革，一定程度上解决了前面提出的谁有动力为国企经理人引入和设计有效的激励机制的长效激励问题。一方面，具有明确盈利动机的民营资本为了确保投资的安全收回和合理回报，有动力参与公司治理制度建设，为国企经理人引入和设计有效的激励机制，实现合作共赢；另一方面，这些参与投资的民营资本可以为自己参与决策的失误承担相应的责任，而不是转嫁给政府，甚至纳税人。国企混改由此成为解决为经理人引入和设计激励机制的股东的长效激励问题的实现途径之一。

需要说明的是，按照前面的分析，激励机制设计对于国企改革的重要性显然并非哈特教授发展的现代产权理论最初所关心的问题。但从新激励派所鼓吹的激励机制设计在国企改革中重要的观点遭遇现实理论和实践挑战，我们引申出谁有动力为国企经理人引入和设计有效的激励机制问题。而对于这一问题，现代产权理论的逻辑推论（并非理论本身）能够为盈利动机明确的股东为什么有动力引入和设计激励机制的长效激励问题提供可能的理论解释。从这一角度，我们认为，哈特发展的现代产权理论在国企改革中仍处于十分重要的基础性理论指导地位。

上述分析在一定程度上表明，当前国企改革实践中积极推进的混合所有制改革，其理论基础并非简单地来自新产权派所鼓吹的现代产权理论，当然也不是简单地来自新激励派所鼓吹的激励合约设计理论，而是二者内在自然的深度结合。

第3节

国企弊病的理论分析

对国企改革必要性的共识是理论界与实务界通过对国企运营实践中暴露出来的种种弊病的认识逐步形成的。在我国国企发展的过程中，国企存在的问题或多或少、或明或暗地逐步暴露出来。第1章第4节通过分析国企公司治理现状，指出了国企改革的必要性。那么，我们可以从哪些理论视角来重新认识和考察国企存在的这些弊病呢?

首先是预算软约束问题。

近年来，“僵尸企业”、产能过剩等问题持续吸引我国理论界与实务界的关注，成为在我国积极推行的供给侧结构性改革中的重要议题。许成钢指出，“这些实际上都是非常老的问题，而且问题的产生完全在预料之中”。“僵尸企业”、产能过剩的产生原因其实就是很多年前科尔奈提出的预算软约束问题。

所谓预算软约束指的是向企业提供资金的机构未能坚持预先的商业约定，而使企业借贷的资金远远超过实际盈利和偿还能力的行为（Kornai，1986）。我们知道，对于权益融资，除非董事会做出承诺，否则发放股利不应该成为公司的一项义务，因而进行权益融资的企业面临的是软约束。与权益融资软约束不同，以银行贷款、发行企业债券等方式实现的债务融资使企业面临硬约束。如果不能按时偿还银行等债权人的本金和利息，企业将面临银行等债权人发起的法律诉讼，乃至清算破产。但对于与政府天然具有政治关联的国有企业，出于保持就业、税收增长和维护社会稳定的需要，国有银行不仅不会将资不抵债的企业推向破产清算，反而会进一步追加贷款以挽救濒临倒闭的企业，从而使得原本硬的预算约束软化。这些做法被科尔奈形象地称为“国家父爱主义”。以历史上曾经实施过债转股的东北特钢为例。为了化解东北特钢债务危机，当地政府于 2016 年再度提出不涉及清偿的债转股计划，但由于遭到债权人的一致反对而被迫放弃。东北特钢债务危机最终由江苏民营钢铁大亨沈文荣控股东北特钢而化解。我们看到，这一被媒体解读为“意外私有化”的做法实属当地政府一而再再而三地化解东北特钢债务危机的无奈之举。正是在上述意义上，政府干预下的债转股被认为是披着市场化运作外衣的预算软约束。

部分国企成为“僵尸企业”和面临产能过剩所带来的效益下滑是本轮以混改为突破口的国企改革的直接诱因。而“僵尸企业”、产能过剩的背后则是“国家父爱主义”下的预算软约束。预算软约束不仅是计划经济时代国营企业效率低下的原因，很大程度上也是今天国有企业效益下滑的原因。从诞生之日起，国有企业始终无法摆脱这一问题的困扰。使国企真正成为自负盈亏经营实体的关键就是实现国资从“管企业”到“管资本”的变革，和其他社会资本一起共同承担风险，进而使混改后的国企真正成为市场经济中的竞争主体。

其次，在金字塔式控股结构链条下，国有企业面临所有者缺位问题与模糊的诚信责任。

按照现代产权理论（Grossman and Hart，1986；Hart and Moore，1990），股东一方面集体行使所有者权益，以股东大会表决的方式对（不完全合约尚未涉及的）重大事项进行最后裁决；另一方面股东以出资额为限承担有限责任，为他所做出的（错误）决策承担相应责任。股东由此成为公司治理的权威，董事需要在法律上对股东负有诚信责任（忠诚义务和勤勉义务）。在上述治理架构下，董事在法律上对股东所负的诚信责任是相对清晰的。而清晰的诚信责任界定为司法实践中法律对投资者权益的保护带来便利。

容易发现，我国大量的国企置身于金字塔式控股结构链条的企业集团中。金字塔式控股结构的形成一方面来自企业融资需求满足的组织制度设计需要，另一方面与国企改制和产业结构调整过程中我国政府推出的一些特殊政策有关。在金字塔式控股结构链条形成的企业集团中，控股股东的国有性质使金字塔式控股结构底端的上市公司看似存在大股东，但由于所有者缺位和长的委托代理链条，董事长往往成为该上市公司的实际控制人。伴随着金字塔式控股结构控制权链条的延长，所有者缺位进而内部人控制现象更趋严重。弗里德曼有一个十分形象的说法："花自己的钱办自己的事，既讲效率又讲节约；花自己的钱办别人的事，只讲节约不讲效率；花别人的钱办自己的事，只讲效率不讲节约；花别人的钱办别人的事，既不讲节约也不讲效率。"由于其模糊的诚信责任，国企显然成为"花别人的钱办别人的事"的一个典型。新一轮混改需要通过引入权力和责任承担能力对称的其他战略投资者，使原来模糊的诚信责任变得清晰。

再次，"既管资本又管企业"治理模式下的多目标激励冲突问题。

除了通过直接持有国有企业控制性股份，建立"管资本"这一国企控制途径外，我国中央和地方政府同时还继续沿用国营企业时代自上而下的人事任免和国企领导晋升考核体系，延续"管企业"这一传统国企控制途径，形成所谓"既管资本又管企业"的格局。一方面由持有上市公司控制性股份的国资委全资的控股集团履行大股东的职责；另一方面由上级部门任命董事长和 CEO，国资委考察任命其他副总的国企领导考核和晋升体系。虽然在程序上需要通过董事会的提名和股东大会的投票表决，但由于国企一股独大的股权结构和国资管理系统的政治经济影响力，相关程序很难对上级部门的相关任命构成实质性的影响和挑战。在上述国企领导产生制度下，国企高管像政府官员一样，通过开展政治晋升的“锦标赛”，“商而优则仕”，从国企高管转为同一级或更高级别的政府官员。通过“形象工程”和“面子工程”引起上级部门的注意，实现个人的政治晋升，成为个别国企高管在短暂的任期内重点思考的问题。但这些“形象工程”从长期看将损害股东利益，成为我国制度背景下外部股东不得不负担的特殊的代理成本。因而，一些看似加强国企高管监督和激励的做法却使得国企高管行为出现了激励扭曲。与此同时，国资管理部门以任免考核董事长、CEO 和主要高管的方式直接参与“管企业”，这在一定程度上类似于把股东的所有者权益交由只能部分甚至无法承担责任的第三方来行使。能够承担决策责任后果的股东无法做出决策，而无法承担全部决策责任后果的第三方却有权做出决策，从而使国企股东与董事之间原本模糊的诚信责任变得更加模糊。

在“既管资本又管企业”的治理模式下，董事长、CEO 和其他主要高管不仅需要按照公司法和公司章程对股东负有诚信责任，而且同时需要按照政府官员管理程序接受上级部门和国资管理部门的监督和考核。国企除了生产经营创造利润，还需要履行稳定物价、促进就业、增加税收、维护社会稳定等社会职责，甚至还需要参与扶贫等公益性活动，这使得国企置身于多任务多目标的经营管理状态。霍姆斯特罗姆和米尔格罗姆（1991）的研究表明，当代理人同时面临多项工作任务时，对其中一项工作的激励和重视会诱使代理人将过多的努力花在该工作上而忽视其他方面，从而导致资源配置的扭曲。面对多头负责的状态，理论上，国企董事可以借口避免损害第三方的利益而损害股东的正当利益，甚至以分别保护第三方和股东利益之名，行追求董事私人收益之实，使第三方与股东的利益都受到损害。弗里德曼强调，“企业最大的社会责任是创造利润”。

我们认为，正是意识到以往国企“既管资本又管企业”的治理模式容易导致国企高管多目标下的激励冲突问题和股东与董事之间更加模糊的诚信责任，在新一轮国企改革中，国资管理部门明确提出由原来的“管企业”转变为现在的“管资本”的国企改革方向，用市场化选聘职业经理人的方式来代替原来的“自上而下的政府官员式”经理人更迭模式。

最后，国企以董事长为核心的中国式内部人控制问题。

由于国企同时面临预算软约束、模糊的诚信责任、多目标激励冲突和中国式内部人控制问题，国企往往在“红红火火满三年”后开始陷入“效益滑坡—连年亏损—债台高筑—政府‘拉郎配’式的并购重组—获得新生”周而复始的恶性循环中。

第 4 节

国企混改理论基础：从产权理论到分权控制理论

从现实中的合约总是不够完美的视角出发，2016 年诺贝尔经济学奖获得者、哈佛大学哈特教授指出，只有使投资者成为所有者，享有对不完全合约未规定事项的剩余控制权，才能使投资者愿意进行投资。长期以来，该理论被认为是中国国企改革的理论基础。然而，哈特“产权安排重要”观点近年来受到来自包括中国企业阿里巴巴和京东等在内的同股不同权实践的挑战。

不过，哈特教授本人也注意到他的理论受到全球方兴未艾的同股不同权股票发行实践的挑战。

国企混改经过几十年的艰难行进，逐步进入改革的深水区。国有企业先后实行了职工股份合作制和企业集团部分控股公司上市等改制形式。职工股份合作制是通过职工持股实现的，而上市则是通过公开发行股票实现的。如果我们把职工股份合作制的推行理解为资本在企业内部的社会化，国有企业部分上市则可以理解为资本在更大范围的社会化。我们时而强调股份制改造实现的资本社会化（例如，以“靓女先嫁”完成的部分国有企业上市），时而专注职工股份合作制的企业内部范围的资本社会化（例如，曾十分流行的职工股份合作制）。在国企改革实践中，为什么混改应该通过引入战略投资者实现？战略投资者在改善公司治理结构，建立现代企业制度中究竟扮演怎样的角色？这些问题始终困扰着处于国企混改第一线的政策制定者。

本节前面的分析表明，哈特的“产权安排重要”观点近年来受到来自包括中国企业阿里巴巴和京东等在内的同股不同权实践的挑战。国企混改实践面临的诸多困惑和指导理论存在争论表明，理论界和实务界需要为新一轮国企混改寻找新的理论基础。

第 2 章第 3 节的分析表明，国企改革面临的真正问题一方面是一股独大下的监督过度问题，另一方面是所有者缺位引发的经理人激励机制的设计者的长效激励机制缺失问题。对国企面临的困境通俗的表述是“不该管的乱管，该管的却不管”。显然，国企混改新的理论基础离不开对“不该管的乱管，该管的却不管”这一国企弊病对症下药。

为经理人引入设计激励机制的股东的长效激励机制问题会部分涉及哈特的现代产权理论，这一点易于理解。事实上很多学者依然把现代产权理论认作新一轮国企混改的理论基础。我们这里强调国企混改的理论基础只是部分涉及现代产权理论。原因是引入盈利动机明确的民营资本，将有助于建立（对为经理人引入设计激励机制的股东）长效激励机制，使对经理人的激励机制设计更富有灵活性和多样性。这与哈特现代产权理论的精神实质是相通和一致的。

但对于国企所面临的"不该管的乱管，该管的却不管"问题，一个更为根本的解决途径是通过在股权结构上所有制的混改形成分权控制格局。因而分权控制理论成为新一轮国企混改的主要理论基础。这里所谓的分权控制理论是由班纳德森、博尔顿、戈麦斯、穆勒、诺瓦斯、泰顿、韦尔纳利德和沃尔芬森等学者从不同视角共同发展的一个解释企业为什么需要引入战略投资者的理论。

博尔顿和泰顿（1998）指出，当处于控制性地位的股东较少时，具有控制性地位的大股东有动力阻止经理人做出任何降低可证实现金流的商业决策，即使由此导致的损失实际上远远超过经理人控制权的私人利益，从而产生效率成本。从避免监督过度的目标出发，他们鼓励引入新的大股东，实现"分权控制"。穆勒和韦尔纳利德（2001）发展的企业政治学理论认为，虽然新的外部投资者的进入将引发新的冲突和寻租行为，但作为原控股股东和管理层的"共同敌人"，三方围绕剩余权力分配开展的新的博弈将减少企业围绕剩余分配冲突而导致的净损失。班纳德森和沃尔芬森（2002）的研究表明，存在多个股东时，对资金使用方向的任何偏离需要合谋集体全部成员的一致同意。成员越多，达到一致的难度就越大，资金则会朝着正确的方向投入。合谋集体的存在与只有一个股东控制的企业相比，所产生的资金使用扭曲程度可能要低。戈麦斯和诺瓦斯（2001）注意到，尽管处于控制性地位的几家股东有极强的愿望避免发生观点的不一致，但事后的讨价还价最终形成的决议，往往能够阻止经理人做出符合控股股东的利益但损害中小股东利益的商业决定。上述效应称为折中效应。分权控制因而成为实现一股独大股权结构下容易导致的大股东监督过度与所有者缺位导致经理人内部人控制问题之间平衡的重要机制。我们把上述文献涉及的主要思想概括为分权控制理论，其核心是防范一股独大下的监督过度问题。

哈特的现代产权理论的出发点是揭示企业中权威如何分配，回应为什么投资者愿意购买股份公司发行的股票这一“现代股份公司之谜”，但该理论被一些中国学者看作国企改制的理论基础，与此类似，最初被用来解释引入战略投资者，解决干预过度问题的分权控制理论（Bolton and Thadden，1998；Bennedsen and Wolfenzon，2002；Muller and Warneryd，2001；Gomes and Novaes，2001）成为我们今天国企混改十分重要的理论基础之一。

我们总结一下新一轮混改如何通过形成分权控制格局来同时解决国企一股独大监督过度导致的不该管的乱管和代理冲突下激励不足，甚至激励扭曲的该管的却不管等问题。首先，混改通过引入新的战略投资者形成分权控制格局，建立主要股东之间的竞争关系，构成一种自动纠错机制，这不仅可以有效地避免大股东一股独大容易导致的监督过度和决策失误，同时可以形成对经理人的制约，避免内部人控制问题的出现。在混改引入新的战略投资者后，全体股东平等地享有所有者权益成为一个基本事实。持有股票越多，未来承担现代股份公司经营失败的风险就越大。因而混改形成的分权控制格局以彼此认同股东地位的方式再次明确了股东是公司治理权威这一事实，使得董事在法律上对股东负有的诚信责任开始变得清晰。

其次，混改通过引入盈利动机明确的民营资本形成分权控制格局，在避免监督过度的同时，使不同股东之间合作共赢成为共识，从而有效解决了为经理人引入并设计激励机制的股东长效激励问题。我们知道，与国有企业相比，盈利动机明确的民营资本更有动机引入灵活多样的激励机制。民营资本深知，虽然向经理人支付了高额的市场薪酬，但得到充分激励的经理人可以为其赚到更多的钱，因而支付高额的薪酬是值得的。通过混改，引入符合天性、盈利动机明确的民营资本完成新的产权安排和公司治理构架，在主要投资者之间容易形成合作共赢共识，由此解决为经理人引入和设计激励机制的股东的长效激励问题。

2015年的“万科股权之争”标志着我国资本市场开始进入分散股权时代，国企主要股东之间分权控制的客观制度环境已经形成。国企未来公司治理可以依靠主要股东之间的竞争，一方面，减缓以往一股独大之下国有大股东“既管资本又管企业”的监督过度，抑制所有者缺位之下的中国式内部人控制问题；另一方面，使不同股东之间合作共赢成为共识，由此建立长效的激励机制。

除了分权控制理论和现代产权理论外，基于阿里巴巴、京东控制权安排创新实践正在形成的长期合伙理论，事实上也是目前中国国有企业混改重要的理论基础之一。

按照长期合伙理论，通过退化为普通的投资者，一方面，阿里巴巴和京东的这些股东将自己并不熟悉的业务模式创新交给专业的创业团队，自己专注风险分担，由此实现了二者之间专业化的深度分工，提升了管理效率；另一方面，上述安排有助于完成从以往短期雇佣合约向长期合伙合约的转化，“铁打的经理人，铁打的股东”，实现长期合作共赢。由于上述两方面的改善，京东和阿里巴巴的这些股东在部分甚至全部放弃控制权的情况下，不仅没有遭遇经理人事后的敲竹杠现象，反而从长期合作共赢中赚得钵满盆满。

阿里巴巴和京东的产权安排制度创新同时也使我们看到，虽然阿里巴巴、京东的这些股东放弃了实际控制权，但似乎并不影响合伙人制度下阿里巴巴和双重股权结构下的京东围绕管理团队充满生机的激励机制制度设计。在面对压力很大的保值增值任务时，并不熟悉业务模式创新的原国有控股股东如何像京东、阿里巴巴的那些股东一样，从“管企业”转变为“管资本”，甚至退化为普通的投资者，以实现经理人职业化与分担风险社会化的深度专业化分工，提升管理效率？如何从原来一股独大下资本市场对散户的短期雇佣合约转化为代表国资的投资运营实体与其他战略投资者之间的长期合伙合约，实现合作共赢？如何使职业经理人和优秀业务骨干像股东一样思考，通过在混改中推行员工持股计划来建立风险共担机制？等等。基于阿里巴巴、京东控制权安排创新实践的正在形成的长期合伙理论为上述实践带来新的启示。

这是对一些学者至今仍抱有的只有解决了产权问题才有可能解决经理人激励机制观点的事实反驳。这些学者之所以形成这种认识，一定程度上是因为把解决股东投资激励的这一激励（产权安排）问题与激励经理人本身的这一激励问题混淆起来。前者是从合约不完全会导致事后敲竹杠视角强调事前的对合约不完全部分剩余权利的产权安排，并不涉及信息问题，而后者则是从委托人与代理人信息不对称出发，强调委托人以信息租金为补偿，鼓励代理人说真话解决道德风险与逆向选择问题的激励制度安排。一个极端例子是，被长期诟病产权安排所有者缺位的国企事实上也曾被认为“国企（同样可以）红红火火满三年”。

因此，哈特的现代产权理论仅仅是中国目前积极推进的国企混改的理论基础之一，它与分权控制理论以及长期合伙理论共同构成了今天中国国企积极推进的混改实践的理论基础。

第 5 节

国企混改的现实榜样：国有上市公司

国有上市公司能够利用目前“61.7% 的净资产创造 87.6% 的利润”。上述事实从侧面证明目前国企通过引入战略投资者和资本社会化等方式和路径进行改革，提升国有资本的增值保值能力的合理性和重要性。对于正在进行混改的国有企业，一个可以预期的结果是，通过引入战略投资者和资本社会化，建立和完善公司治理构架，使经营权与控制权有效分离，由此实现专业化分工带来效率的改善。

2014 年启动新一轮国企混改以来，很多关心国企改革的研究者和实践者渴望了解混改完成后的国企总体状况应该是什么样子。从已经完成的“央企混改第一股”中国联通和作为地方国企混改代表的天津北方信托等有限案例中，即使是想象力丰富的读者，也很难构建全部国企混改完成后的全貌。

2018年12月12日，在2018央视财经论坛暨中国上市公司峰会上，国资委相关人员透露，“有65.2%的总资产和61.7%的净资产已经进入上市公司，有61.2%的营业收入和87.6%的利润总额来自上市公司”。

上市公司无疑是优秀企业的代表。除了在经营手段和管理理念上，上市公司的治理构架很大程度上就是目前正在积极进行混改的国企追求的目标和努力的方向。

首先，引入战略投资者。完成混改后的企业在股权结构上应该像国有上市公司一样，股东不仅有国有资本，还有民营资本，是资本社会化的产物。其次，混改完成后的企业应该像国有上市公司一样，形成由代表各方股东利益的董事组成的董事会，重大事项需要经过股东大会协商表决通过。盈利动机明确的民营资本及其董事代表成为约束经理人追求私人收益，损害股东利益的重要力量。最后，完成混改后的企业甚至会像国有上市公司一样，引入来自外部、利益中性、注重声誉同时具有法律会计金融等专门知识的社会精英作为独立董事进行监督和咨询。通过上述公司治理构架的建立和完善，完成混改后的企业使职业经理人手中的经营权从股东手中的控制权有效分离出来，由此带来基于经理人职业化与资本社会化二者之间专业化分工的效率改善。

这事实上是国资委相关人员注意到的国有上市公司能够利用目前61.7%的净资产创造87.6%的利润背后很重要的原因。上述事实也从侧面证明目前国企通过引入战略投资者和资本社会化等方式和路径进行改革，提升国有资本的保值增值能力的合理性和重要性。正是在上述意义上，北京大学曹凤岐教授把本轮混改称为国企股份制改造的再出发。

因此，对于正在进行混改的国有企业，一个可以预期的结果是，通过引入战略投资者和实现资本社会化，完成公司治理构架的建立和完善，使经营权与控制权有效分离，由此实现专业化分工带来效率的改善。

同样不容忽视的一个基本事实是，在上市公司中，即使在全部央企中业绩表现不俗的国有上市公司，整体而言，在绩效表现上也要劣于非国有上市公司。我们以启动新一轮混改的2014 年当年国企的状况为例。按照中国企业联合会、中国企业家协会发布的中国企业 500 强榜单，在出现亏损的 43 家企业中，只有 1 家民营企业，国有企业成为“重灾区”。尽管近年来上述状况在做大做强国有资本的相关政策支持下有了很大的改观，但从投入产出的效率看，国有资本低于民营资本仍然是不争的事实。那么，在资本已经社会化，看似已经完成混改的国有上市公司又该如何进一步寻找新的效率改善途径呢？

我们注意到，国企混改实践中目前采用的一些做法是国有上市公司值得学习和借鉴的。为了实现从以往“管人管事管企业”向“管资本”的转化，天津国资委组建津联、津诚和国兴等国有资本投资运营公司作为国资新的监管对象，由此不再与经营实体具有直接的产权关系。津诚等国有资本投资运营公司将与通过混改引入经营实体的战略投资者一起，共同以股东的身份参与相关的公司治理，以往“管人管事管企业”的状况得到一定程度的抑制。

未来国有上市公司也许应该借鉴天津的国企混改实践，将上市公司控股股东从原来的经营实体逐步转变为国有资本投资运营公司，实现从以往“管人管事管企业”向“管资本”的转化。通过上述改革，国有上市公司的经营权将从控制权中更加有效地分离。建立现代企业制度的国有企业的效率将进一步提升，使参与投资的国有资本真正实现保值增值的目的。

在 2018 年 12 月 21 日结束的中央经济工作会议明确提出要加快国资国企改革，坚持政企分开、政资分开和公平竞争原则，做优做强做大国有资本，加快实现从管企业向管资本转化，改组成立一批国有资本投资公司，组建一批国有资本运营公司，积极推进混合所有制改革。我们理解，通过组建投资运营公司以实现从以往“管人管事管企业”向“管资本”的国有资产管理体制的改革将成为 2019 年国企改革推进的重点。它同时构成本轮国企混改与上一轮国有企业股份制改造最具标志性的差异。

同样值得关注的是，2019 年的中央经济工作会议，明确提出在近年来中央经济工作会议上很少提及的坚持政企分开、政资分开和公平竞争原则。这在一定程度上表明，相关决策部门也许已经意识到，这或许才是实现从以往“管人管事管企业”向“管资本”转化的国有资产管理体制改革成功和提升国有资本保值增值能力的关键。

3 CHAPTER

第3章

国企混改的模式选择

只有使混改参与各方的利益得到充分保障，彼此激励相容，才能使各方真正做到合作共赢，混改才能最终获得成功。作为“国企混改第一股”的中国联通通过在股权结构组织层面上国有资本占优，但在董事会组织中战略投资者占优，部分实现了参与各方激励相容的目的，成为国企混改可资借鉴的“联通模式”。

近期发生的民营资本控制权转为国有资本现象，只是民企为了缓解资金链紧张而完成的一次混合所有制改革，是民企从自身面临的困境出发做出的一种理性选择。

无论国企还是民企混改，都需要共同遵循的原则是通过引入战略投资者，形成权力制衡，避免监督过度。建立各方激励相容的治理构架，使参与各方群策群力、合作共赢不仅是混改的出发点，也是混改的最终归宿。

第1节

联通混改得与失

2017年以互联网四大巨头BATJ和中国人寿等国企参与为主要内容的联通混改方案公布后，一时间备受市场瞩目。联通混改无疑是国企改革在引入民营资本背景战略投资者方面迈出的重要一步。那么，联通这次公布的混改方案有哪些值得期待的“得”和不尽如人意的“失”呢?

我们先看联通混改方案值得期待的“得”的方面。

首先，通过吸引民企参与，以联通混改为代表的国企混改模式将进一步稀释控股股东的股权，加速中国资本市场分散股权时代的来临。在经历了股权分置改革和险资举牌浪潮后，以2015年万科股权之争爆发为标志性事件，中国资本市场开始从一股独大进入分散股权时代。按照联通近期公布的混改方案，在吸引包括中国人寿和BATJ等战略投资者持股35.19%后，联通集团合计持有中国联通约36.67%的股份。作为对照，从2015年开始，中国上市公司第一大股东平均持股比例已首次突破具有相对控股能力的临界点33.3%。而联通混改股权结构的上述安排，则一定程度上与国家对电信等战略性产业的主导和控制有关。

尽管如此，联通混改方案能如此大比例地让渡股份给民营资本仍然给予市场和很多观察家意外和惊奇。在本轮混改完成后，中国资本市场分散股权结构的基本态势将初步形成并趋于稳定。一股独大的公司治理模式下控股股东对从董事会组织运行到管理层日常决策大包大揽的时代行将结束。在股权分散时代，面对外部接管威胁，甚至“野蛮人”入侵，公司治理更多依靠利益各方的协商和妥协。如何顺应上述转变成为包括联通在内的很多国企改制公司未来面临的重要挑战。

其次，以联通为代表的混改模式很好地体现了分权控制的经济学思想，有助于改善一股独大模式下公司治理效率低下的局面。一些学者从大股东监督过度，挫伤经理人的积极性出发，鼓励引入新的大股东，实现分权控制。控制权在几个主要股东之间分享的结果使其在保护各自利益的讨价还价过程中可能形成有利于保护外部广大分散股东利益的折中效应。一些学者进一步应用寻租理论发展了企业政治学理论，强调新进入的大股东成为原控股股东和管理层的“共同敌人”，由此将减少企业内部围绕剩余分配冲突而产生的净损失。这事实上是我们虽然认为联通混改方案存在很多不尽如人意之处，但仍然对联通混改方案保持谨慎乐观的原因。

那么，联通混改方案会有哪些不尽如人意的“失”呢？

其一，在股权结构上，参与混改的民营资本背景战略投资者无法形成对主要股东的有效制衡。在联通混改方案中，民营资本背景的战略投资者中出资比例最高的腾讯和百度分别只占到 5.18% 和 3.3% 的股权，与合计持股达 36.67% 的联通集团相去甚远。特别有趣的是，在公布的潜在战略投资者中，除了持股比例高于腾讯等的中国人寿属于国有资本背景外，实际上，几家民营资本背景的互联网巨头的竞争关系远大于合作关系。这使得未来在民营资本背景的战略投资者之间采取某种一致行动以形成对大股东的制衡变得相对困难。这事实上也是我们认为联通混改方案表面上看似引入互联网巨头的“傍大款”行为，但实质上反映了方案设计者的独具匠心之处。

其二，在新联通董事会的安排和组织上，民营资本背景的战略投资者同样处于弱势。按照目前一些媒体报道的新联通董事会组成方案，虽然联通集团在董事会的席位由原来的 4 人减为 2 人，甚至腾讯和百度等有望委派董事进入董事会，但“国家会派出 3 席”，加上国有企业的 1 席，民营资本背景董事在非独立董事席位中处于绝对少数是铁定事实。与持股比例不对称的超额委派董事客观使得主要股东承担责任与享有权力不对称，形成一种经济学意义上的负外部性。在围绕联通混改方案的相关报道中，我们注意到有媒体提及联通集团还将向中国国有企业结构调整基金协议转让其持有的本公司约 19 亿股股份。

其三，主要股东在股东大会议案表决上潜在的同盟军同样是不可小觑的力量。在联通混改方案中，国有资本背景的中国人寿持股10%，超过腾讯、百度等民营资本，成为这次混改引入的最大战略投资者。经历了险资宝能举牌万科引发股权之争后监管当局对险资的规范和整顿，相信中国人寿未来在投资举措上会更加谨言慎行。除了国有资本背景的中国人寿为最大战略投资者外，联通还拟向核心员工授予约8.5亿股限制性股票。我们猜测，无论是中国人寿等国有资本，还是员工持股，甚至有待观察的中国国有企业结构调整基金，在股东大会表决上都可能成为支持主要股东提出的有利于主要股东但可能损害其他小股东利益的议案的力量。

综上所述，联通新出台的混改方案一方面无法使民营资本背景的战略投资者形成对主要股东在股权结构上的制衡；另一方面使得民营资本背景的战略投资者在董事会组织和股东大会运行中处于弱势，这些战略投资者未来自身权益保护面临的挑战由此可以想见。尽管如此，联通在混改引进民营资本上毕竟迈出了重要的一步，打开了民营资本参与原来由国有资本垄断的电信产业的大门。我们愿意谨慎乐观地预见，联通在中国资本市场进入分散股权时代后探索新的公司治理模式，将为其他国企混改提供更多值得借鉴和学习的宝贵经验。

第 2 节

万达的混改

2018 年 1 月 29 日，万达商业与苏宁、京东、腾讯和融创等投资者签订战略投资协议，联手打造线上线下融合的新消费。当一些媒体在关注万达是否在互联网巨头新零售的竞争中选边站队，而另一些媒体在关注万达是否将彻底退出房地产时，我看到的却是万达这一民企所进行的别样混改。

一些读者一定惊诧于本节将混改和万达联系在一起，因为长期以来被简称混改的混合所有制改革被认为只是国企的事。作为新一轮国企改革的突破口，今天混改在很大程度上已经成为国企改革的代名词。它不仅频繁出现在从中央到地方各级国资管理部门和国企的日常中，而且成为高校研究机构智库众多学者专家在研究报告和政策建议中泛滥的关键词。

被包装甚至神化的混改的实质就是如今万达商业进行的引

入战略投资者。只不过混改是站在国企改革的背景，更多强调民营资本背景战略投资者的引入。应该说在国企改革几十年中的绝大多数时间，引入战略投资者始终是国企改革的重心。我们时而强调股份制改造实现的资本社会化，时而专注职工股份合作制的企业内部范围的资本社会化。今天如火如荼进行中的国企混改又可以从民企万达的别样混改中学习到什么呢？

第一，如何形成保障战略投资者权益的公司治理构架。我们观察到，此次腾讯和万达的合作并非双方的第一次合作。2014 年 8 月 29 日，腾讯、百度、万达曾宣布共同出资 50 亿元成立万达电子商务公司。在这一被媒体誉为“腾百万”的项目中，腾讯和百度的相关意见并没有被控股股东万达所接纳，转引媒体的报道就是，“在实际操作层面，腾讯和百度的意见没有得到充分尊重，最终意兴阑珊，选择了放弃”。在用一年半“烧光”之前投资的 50 亿元后，腾讯和百度选择退出。出资均占到 15% 的腾讯和百度提出的意见没有得到充分尊重，很大程度表明，“腾百万”项目的公司治理构架出了问题。

在新一轮合作中，腾讯、苏宁、京东、融创四家以 340 亿元的对价分享万达商业 14% 的股权。例如，苏宁云商将出资 95 亿元人民币或者等值港元购买万达商业约 3.91% 的股份。然而与上一轮合作的不同之处在于，按照所签订的战略投资协议，在新的万达商业项目中，苏宁、京东、腾讯和融创在万达商业将拥有董事会席位。以持股 3% 左右拥有董事会的一个席位在股权相对集中的我国A股市场并不多见。我们曾经观察到在我国一些上市公司存在所谓“超额委派董事”现象。主要股东通过董事会组织过程中提名更多董事，导致董事会重大决策的实际影响力与其持股比例所反映的责任承担能力分离。超额委派董事意味着承担责任与享有权力的不对称，从而形成一种经济学意义上的负外部性。需要提醒读者注意的是，在腾讯与万达历史上存在股东相应权益没有得到有效保障的背景下，上述制度安排恰恰成为在新一轮合作下保障战略投资者利益的一个可置信承诺。

从民企万达混改到今天正在进行的国企混改，其中一个重要的经验是：在公司治理制度安排上确保战略投资者的权益，并使相关承诺变得可置信。在混改中渐入佳境的国企，它们或者是把控制权部分让渡给民企（例如浙江的杭绍台高铁项目和云南的白药项目），或者是在董事会组织中充分体现对战略投资者利益的保护。例如，中国联通在2017年8月完成混改，在其2018年1月24日发布的公告中，新一届董事会规模将由过去的7人扩大到13人，百度、阿里巴巴、腾讯、京东等外部投资者将获得6个席位的提名。在提名的8名非独立董事候选人名单中，除了3位联通高管，其余5位均来自战略投资者。其中李彦宏、熊晓鸽等“商业明星”有望进入联通新一届董事会更是成为舆论关注的一大亮点。

第二，是否引入战略投资者进行混改是基于基本商业原则，而非其他，更非仅仅为了贯彻上级推行国企混改的意图。

国企改革步履艰难还有一些其他原因。例如，曾是国有企业改制标杆的格林柯尔一度被描述为“在‘国退民进’的盛宴中狂欢”，却成为国企改制中“国有资产流失”的典型。其原董事长顾雏军本人更是因虚假注册、挪用资金等被判刑。2017 年 12 月 27 日，最高人民法院通过了对当年顾雏军案件的再审决定书。舆论把该案的重审与政府近期反复强调的企业家精神保护联系在一起。

与国企改革往往会受到一些因素干扰不同，万达的混改干脆利落得多。在摆脱“腾百万”项目不久后，万达商业在 2018 年年初随即展开与曾经的合作者腾讯等的新一轮合作。这一切看似突然，但从追求盈利的企业角度来看，再自然不过。

最近万达集团官网回应一些媒体对在互联网巨头新零售的竞争中选边站队的质疑，称“纯粹从公司商业利益出发选择合作伙伴，万达仍然是万达商业控股股东，并拥有线上线下融合发展的主导权和决策权，不会选边站队，也不会做伤害其他方利益的事”。而万达的合作方能从这次合作中得到什么呢？我们以苏宁云商为例。根据合作协议，万达将在电器 3C、生鲜快消、母婴用品等领域为苏宁提供开店资源支持，并发挥其在商业运营上的优势协助定制苏宁易购广场。受此影响，在合作公告的当日，苏宁云商股价大幅上涨。

有人从万达商业与腾讯等的新一轮合作中联想到万达的债务危机和海外资产的转让。其实尝试混改的国企又有哪一家是运行状况良好，债务处于安全边界呢？像历史上所有的改革一样，改革呼声最高的时候往往是危机四伏的时候；而一旦转危为安，则改革的呼声立即销声匿迹。我们回头反观国企改革的历史又何尝不是如此？！当我们依据商业原则，而非其他因素来指导国企混改时，国企改革进展会平稳和顺利得多。

从民企万达的混改中，我们得到的最直接启发是，国企混改与日常生活中的所有活动一样，需要回归最基本和最简单的常识。

第 3 节

民企的混改

据 2018 年 9 月 3 日《证券时报》的报道，包括国资委、地方政府、中央事业单位在内的“国资系”主体正在参与或已经完成多家 A 股上市公司的控制权交易，国旅联合、三聚环保、华塑控股等 20 余家民营上市公司均正在或已经完成相关股权转让事项，且均有国资接盘方，受让股权合计超过 30 次，交易金额超百亿元。其中，三聚环保、新筑股份、金力泰等民营公司更是彻底变身为国有企业。该报记者用“国资抄底”“国资开启‘扫货模式’”来描述近期发生在中国资本市场上，公司控制权由原来的民营资本控股转向国有资本控股的现象。

控股股东将对公司未来治理构架和发展方向的选择打上深深的印记，因而控制权转移对一家企业而言举足轻重。特别是，以往围绕控股股东性质的大量经验研究表明，控股股东的国有性质与企业会计和市场绩效统计上显著负相关。国企治理构架下常见的所有者缺位和长的委托代理链条问题，被用来解释二者之间显著的负相关。近期发生的民营资本控制权转为国有资本控制权现象，是否意味着原本盈利动机明确的民营资本主导的治理构架，重新退回到国有资本主导的所有者缺位和长的委托代理链条的治理构架呢？中国上市公司治理制度建设在经过多年的发展后难道在今天出现了某种程度的倒退？一些媒体和学者甚至将上述现象解读为发生在中国资本市场领域的“国进民退”。那么，我们应该如何理解发生在中国资本市场的上述独特现象呢？

第一，近期发生的民营资本控制权转为国有资本控制权现象，只是民企为了缓解资金链紧张而完成的一次混合所有制改革，是民企从自身面临的困境出发做出的一种理性选择。很多人把混合所有制改革仅仅与以引入民营资本背景战略投资者为目的的国企改革联系起来。殊不知民企在陷入财务困境时同样需要引入战略投资者来缓解现金流紧张，建立更加合理高效的公司治理构架。看似促使不同所有制同时存在，从而形成所谓所有制混合局面的混改，其实质是引入战略投资者。因此，我们可以把发生在中国资本市场的民营资本控制权转为国有资本控制权现象概括为“民企的混改”。

第二，对照此次民企的混改与一些已经或正在分阶段引入战略投资者的国企混改，二者显著的不同之处是，借助二级资本市场控制权转让来完成民企的混改，不仅效率高得多、成本低得多，而且是以一种资本市场所特有的公开透明的方式。尽管中国资本市场还有很多不尽如人意的地方，但上述事实一定程度上表明，资本市场经过长期的建设发展已经具备基本的资源（重新）配置功能。它给目前正在积极推进的国企混改的一个启发是，未来如果借助资本市场控制权转让进行混改将会成本更低、效率更高。

第三，此次民企的混改为国资管理体系实现从“管企业”到“管资本”的自然转化上了生动的一课，为未来相关国企其他领域混改的推进积累了宝贵的经验。

我们知道，国企混改一个明确的方向是从原来的“管人管事管企业”转变为“管资本”。按照陈清泰的描述，所谓“管资本”就是改革经营性国有资产的实现形式，由实物形态的国有企业专项价值形态转为可以用财务语言清晰界定、有良好流动性、可以进入市场运作的国有资本。在国有资本投资运营机构代替实体企业成为国资委新的监管对象后，经过国有资本投资运营机构的隔离，国资委与实体企业不再有直接产权关系，也无权穿越投资运营机构干预其投资的公司，政企分开顺理成章。

对于经过分阶段引入战略投资者进行混改的国企而言，面临的挑战显然是如何摆脱一股独大下形成的治理惯性。这表现为不仅在董事会组织中大包大揽，而且用代表大股东的董事长一人之意志代替全体股东的意志。而对于这些通过资本市场控制权转移完成引入战略投资者的企业而言，新入主的国资必须按照资本市场的基本规则和全体股东的意志，通过与各方的协商完成包括董事会等在内的基本治理制度的构建。因而，民企的混改向这些获得控制权的国资提供了如何从股东的角度来参与公司治理，从原来的“管企业”转变为现在的“管资本”这一难得的学习契机。上述经验无疑将反过来帮助相关国企在其他领域混改推进中，明晰股东的定位和职能，不再越俎代庖去从事超越一个股东行为的工作。

第四，无论控制权是从民企转到国企，还是从国有资本转到民营资本，都是资本市场中司空见惯的控制权的转移，并不值得媒体和公众大惊小怪。以2015年万科股权之争为标志，中国上市公司第一大股东平均持股比例开始低于1/3的相对控股权的临界值，资本市场进入分散股权时代。一个可以预见的结果是，随着资本市场分散股权时代的来临，并购行为会比以往更加频繁，甚至可能以相对极端的“野蛮人”入侵和控制权纷争形式出现。毕竟由于第一大股东持股比例的下降，接管者发起并购的门槛降低了，需要付出的成本降低了，并购成功的可能性增加了。

近期发生的民营资本控制权转为国有资本现象事实上只不过是上述趋势的反映。如果非要按照控股股东的性质来考察控制权转移，回顾中国资本市场近30年的发展历程，我们不难发现，借助二级市场进行控制权转移的既有从国企到民企，又有从民企到国企，当然还有从民企到民企，从国企到国企。只不过有时国企变为民企的多一些，有时民企变为国企的多一些。

第五，如果说此次民企的混改经历的控制权转移有什么独特的地方，那就是本轮“国资系”频繁入主，与“去杠杆”和股市调整所带来的很多民企资金链紧张以及由此衍生的债务难题密切相关。

由于金融收缩政策，与国企相比，民营上市公司更频繁地遭遇到期续贷时被要求增加担保物、提前还贷或者接受利率上浮等，这使民营上市公司与同类国有上市公司相比，现金流更加紧张。由此可见，所谓“国进民退”，其实是在差别化的金融收缩政策下国企退出速度较民企慢，给人一种“国进民退”的错觉。因此，我们应该反对的不是控制权转移究竟由国资转到民资，还是民资转到国资，而是这一现象背后的包括差别化金融收缩政策等的不平等发展机会。陈清泰曾经指出，对混合所有制企业再继续严格界定国有和民营已经失去了意义，政府应该弱化直至取消按企业所有制区别对待的政策，促进实现各类企业权利平等、机会平等和规则平等。我们对此观点深以为然。

如果新入主民企的国资不能完成角色的转换，建立合理的公司治理结构，调动各方的积极性，早晚有一天需要把控制权让渡给更有效率的民资。笔者始终坚信：在经济生活中一旦植入市场经济的基因，虽然在短期内会受到非经济因素的干扰，但从长期看，经济逻辑一定会主导整个社会经济生活的发展方向。

那么，混改的民企应该如何建立适当的公司治理结构呢？

我们看到，无论是国企混改还是民企混改，都需要遵循的原则是通过引入战略投资者，形成权力制衡，避免监督过度，实现合作共赢。在混改引入新的战略投资者后，平等地集体享有所有者权益成为全体股东需要面对的一个基本事实。建立各方激励相容的治理构架，使参与各方群策群力、合作共赢不仅仅是混改的出发点，也是混改的最终归宿。

第4节

混改的“联通模式”

在经历了新一届董事会的诞生（2018年2月8日）等事件后，始于2017年8月的联通混改随着2018年2月11日被称为混改最后一块拼图——员工股权激励计划的出炉告一段落。作为垄断领域的大型央企，联通的混改始终受到媒体和公众的高度关注，成为国企混改的风向标。虽然现在研判联通混改是否获得成功为时尚早，但可以从联通初步告一段落的混改中发现一些经验，甚至可以总结出“联通模式”，供其他正在进行混改的国企借鉴。

从2017年8月引入中国人寿和BATJ等战略投资者进行混改后的联通的股权结构来看，中国人寿和BATJ等战略投资者持股35.19%后，联通集团合计持有中国联通约36.67%的股份。民资背景的战略投资者中出资比例最高的腾讯和百度出资分别只占到 5.18% 和 3.3%，与合计持股达 36.67% 的联通集团相去甚远。持股比例高于腾讯等的中国人寿属于国资背景，而几家民资背景的互联网巨头的竞争关系远大于合作关系。根据《上市公司收购管理办法》第八十四条第二款的规定，联通集团继续拥有本公司的控制权。因而，从联通混改后的股权结构来看，参与混改的民资背景战略投资者无法形成对主要股东的有效制衡。联通上述国资占优的股权结构安排一度引发观察者对战略投资者如何保障自身权益的担忧。

然而随着 2018 年 2 月 8 日联通新一届董事会的诞生，观察者的担心部分得到缓解。从新一届董事会组成来看，联通董事会发生了两个显著变化。其一，董事会规模由过去的 7 人扩大为现在的 13 人，其中独立董事为 5 人，独董比例达到 38%，略高于监管当局通常不低于 1/3 的要求。其二，在 8 名非独立董事候选人名单中，除了 3 位联通高管，其余 5 位来自中国人寿、百度、阿里巴巴、腾讯、京东等战略投资者。其中李彦宏、胡晓明等“商业明星”进入联通新一届董事会。

我们注意到，持股 3% 左右的百度在联通董事会 8 名非独立董事候选人中拥有 1 个席位（占比 12.5%），这在股权相对集中的中国 A 股市场并不多见。学术界把这种主要股东通过董事会组成过程中提名更多董事，形成董事会重大决策的实际影响力与其持股比例所反映的责任承担能力“分离”的公司治理现象称为“超额委派董事”。理论上，与金字塔式控股结构下最终所有者对处于底部的上市公司的所有权与现金流权分离类似，超额委派董事同样意味着承担责任与享有权力的不对称，形成一种经济学意义上的负外部性。作为现金流权与控制权分离的实现形式，超额委派董事与金字塔式控股结构、家族成员出任家族企业董事长一样，通常被认为是第一大股东实现公司控制的重要途径。

然而，值得我们关注的是，在联通新一届董事会中，超额委派董事的百度并非控股股东，而仅仅是这次混改引入的战略投资者。在围绕董事议案的讨论中，代表处于信息弱势的中小股东的董事能够拥有更多的表决权，显然有助于中小股东利益的保护。因而，看起来与负外部性联系在一起的超额委派董事现象如果是由作为非控股股东的战略投资者来进行，则不仅不是加强控制乃至未来隧道挖掘损害股东利益的机制，反而是与控股股东相制衡的力量。

这事实上是我们最初在联通国资占优股权结构的混改方案公布后仍保持乐观的原因。战略投资者的引入将使联通主要股东之间形成分权控制的格局成为可能。控制权在几个主要股东之间分享的结果使其在保护各自利益的讨价还价过程中可能形成有利于保护外部广大分散股东利益的折中效应。

我们以 2018 年 1 月 29 日万达商业的董事会为例。历史上腾讯与万达、百度一度合作打造所谓“腾百万”项目，但由于无论股东层面还是董事会层面都不占优，腾讯和百度的相关意见没有得到充分尊重，二者最终选择了放弃。而按照新签订的万达商业项目战略投资协议，苏宁、京东、腾讯和融创在万达商业将拥有董事会席位。这一制度安排一定程度上提升了腾讯等战略投资者在董事会层面占优的可能性。通过在董事会组织层面引入更多来自战略投资者的董事，使战略投资者的利益得到兼顾，弥补了股权结构依然一股独大下战略投资者利益无法得到有效保护的不足，使得战略投资者能够在一定程度上激励相容。战略投资者超额委派董事因而成为控股股东重要的制衡力量和保障战略投资者利益的一个可置信承诺。

联通混改事实上与民企万达混改遵循了共同的商业规则，那就是只有使混改参与各方的利益得到充分保障，彼此激励相容，才能使各方真正做到合作共赢，混改才可能最终获得成功。如果把国企联通的混改经验归纳为一种模式，那么可以总结如下：股权结构上国资占优，但在董事会组织中战略投资者占优。前者由联通所在的垄断领域战略属性决定，联通集团甚至在必要时可以利用控制性股份行使一票否决权；而在主要涉及日常经营管理决策的董事会层面则需要更多倾听像李彦宏这样的商业精英的意见。二者的结合同时也很好地体现了近年来公司治理理论和学术界强调的公司治理理念的转变：公司治理应该逐步从单纯强调保障股东权益的传统理念向在保障股东权益和鼓励创业团队围绕业务模式创新进行人力资本投资之间平衡的全新理念转变。

“股权结构上国资占优，但在董事会组织中战略投资者占优”这样一种混改模式也许就是目前我们从联通初步告一段落的混改实践中提炼出来的重要经验。未来在如何保障混改参与各方的利益，实现多方合作共赢方面，还需要在混改实践中开展更多的新尝试和探索。

第 5 节

国企改革的轮回

目前国企改革事实上是在两个层面平行展开的。一是在国有资本管理体制改革上，通过国有资产的资本化，实现从“管企业”到“管资本”的监管职能转变；二是在作为经营实体的国企层面，通过引入战略投资者，实现所有制的混合，改善公司治理，建立现代企业制度。关于第一个层面的改革，我们将在第 5 章集中讨论。

在经营实体国企混改层面上，国企改革的主要举措是，通过允许战略投资者在董事会组织中占优，甚至直接允许战略投资者在持股比例上占优，以部分或全部让渡控股权的方式吸引战略投资者参与国企的混改。我们以被称为“央企混改第一股”的联通混改为例。持股 3% 左右的百度拥有混改后联通董事会 8 名非独立董事候选人中的 1 个席位（占比 12.5%），因而联通创立了股权结构上国资占优，但在董事会组织中战略投资者占优的所谓“联通模式”。我们看到，联通的股权结构上国资占优的混改制度安排，保证了实际控制人联通集团在重要事项上享有一票否决权；而在董事会组织中使战略投资者占优则不仅通过给予战略投资者保护自身权益的公司治理机制使其有激励参与混改，而且可以借助战略投资者丰富的经营管理经验改善联通的经营管理水平。

央企往往处于战略性产业，混改牵一发而动全身，相关政策出台必须慎而又慎。与之相比，省级层面的国企混改无论是历史还是现实的包袱相比而言都要轻得多。我们以天津前不久推出的天津建筑材料集团和北方信托混改为例。2018 年 5 月 4 日，北京金隅集团股份有限公司在天津产权交易中心与天津建筑材料集团（控股）有限公司成功签约，受让后者 55% 股权，成为新的控股股东。如果说天津建筑材料集团是京津两地企业在联姻落实京津冀协同发展战略上交出的第一份答卷，那么，2018 年 4 月初开始在天津产权交易所发布增资扩股项目的北方信托则走得更远。混改完成后，北方信托国有企业股东持股降至 34%，新进社会资本持股 57.56%，其他原股东持股 8.44%。按照媒体的相关报道，北方信托无论是民企单一持股占比，还是民企整体持股占比，民企都是绝对控股地位。目前北方信托法人代表与董事长均处缺位状态，混改后，新进第一大股东将有权推选董事长和总经理。这意味着在天津等地现任国企董事长和总经理在混改完成后写求职申请将不是新鲜事。

新一轮竞争性行业地方国企混改的特点可以概括为以下几

个方面：一是国有资本投资运营公司持股不少于1/3，保持在董事会对重要事项的一票否决权；二是让出第一大股东，对第一大股东没有地域、国资背景的限制，民企无论单一持股还是整体持股都可获得控股权；三是董事长和总经理由新进大股东委派。

上述国企改革新动向表明，无论是国有资产管理体制还是经营实体国企混改本身都进入实质推进阶段。与以往国企改革相比，我们注意到，本轮国企改革呈现出以下新气象。

首先，从当年举牌的“心急吃不了热豆腐”到如今“吃不了兜着走”。2015年宝能试图通过二级市场举牌获得万科的控股权，但遭到万科管理团队以及万科所在的地方政府甚至监管当局的迎头痛击。宝能落得“野蛮人”“妖精”“害人精”等不良口碑，在几年后选择黯然退出万科。而新一轮混改中，在一些经营状况并不理想、资产续存能力差的国有企业，民营企业不仅可以成为控股股东，而且董事长和总经理“虚位以待”。

其次，从当年国企改革的“靓女先嫁”到如今的“母凭子贵”。在国企混改实施环节，资产评估、债务处理和人员安置将是战略投资者选择是否参与混改的关键因素。在早期以股份制改造为特征的国企改制过程中，为了使部分优质资产优先上市，将其从母公司与其余部分进行剥离。厉以宁教授形象地将其称为“靓女先嫁”。多年来，一些国资企业集团旗下的上市公司，在采取上市审核制的中国资本市场成为稀缺资源。在新一轮混改中，进行混改的集团公司在资产评估环节将由于上市子公司的存在而“母凭子贵”，为之后混改的顺利进行奠定了基础。这也许是当年股改方案设计者始料未及的。

再次，从“不怕化的冰棍”到“烫手山芋”。除了人员安置（通常三年内岗位保持不变），战略投资者参与国企混改面临的最大挑战是，如何处理很多国企居高不下的债务。为了反驳一些经济学家加快国企改革进程的建议，有学者宣称国企是“不怕化的冰棍”。东北特钢在经历了长达 20 年数轮债转股的危机化解后，2016 年发生债券实质性违约。新任董事长一度提出将公司 70% 的债务进行债转股，但遭到债权人的一致反对。被媒体解读为“意外私有化”的沈文荣控股东北特钢，实属当地政府为化解东北特钢债务危机所做出的无奈之举。在出现企业债务违约高峰的今天，关于国企资金链条断裂传闻的风吹草动都会引起金融信托机构的警觉，仿佛一场系统性的金融风险马上就会扑面而来。那些正在混改的国企无疑是债券违约风险传闻的受害者，一些准备进入的战略投资者可能由此望而却步，原来“不怕化的冰棍”如今变成了“烫手山芋”。

最后，从当年国有资产的流失到如今民营资本的输入。以往存在很多国有资产的流失现象，如今，通过战略投资者参与混改、民营资本的输入，事实上做大做强做优了国有资本。在这一意义上，笔者特别认同陈清泰在国企改革论坛中发言提及的，对混合所有制企业再继续严格界定国有和民营已经失去了意义，政府应该弱化直至取消按企业所有制成分区别对待的政策，促进实现各类企业权利平等、机会平等和规则平等。

第 6 节

从联通到北方信托：国企混改的不变与变

2018 年 11 月 20 日，天津北方国际信托股份有限公司（以下简称“北方信托”）混改项目正式签约，标志着天津市第一家国有控股股份制非银行金融机构混改项目的完成。成立于 1987 年的北方信托是中国最早组建的信托公司之一。通过混改，北方信托成功引入日照钢铁控股集团有限公司、上海中通瑞德投资集团有限公司、益科正润投资集团有限公司三家民营企业新股东，合计受让 50.07% 的股权。

此前的 2017 年 8 月，中国联通通过引入中国人寿和 BATJ 等战略投资者成为完成混改的第一家央企，中国联通由此被誉为“央企混改第一股”。从以联通为代表的央企混改试水，到以北方信托为代表的地方国企混改全面铺开，如今北方信托混改的阶段性完成为我们观察和评价国企混改深入过程中公司治理制度设计理念的不变与变带来新的契机。

我们注意到，无论中国联通还是北方信托，在混改过程中都有意或无意遵循了以下原则。

首先，通过引入民资背景的战略投资者，形成股权相对制衡的分权控制格局，以实现公司治理制度框架变革的突破。例如，在中国联通混改完成后，控股股东联通集团持有中国联通的股份从 60% 下降到 36.67%，出资分别占到 5.18% 和 3.3% 股份的腾讯和百度等成为新的重要股东。而北方信托混改前由包括大型国企、上市公司及民营企业等 27 家股东单位构成。其中，市属国企股东 20 家，合计持股 82.1%。混改后三家民营企业新股东合计受让 50.07% 的股权。其中，日照钢铁持股 18.30% 成为第一大股东，上海中通持股 17.65%，益科正润持股 14.12%。原第一大股东、国资背景的泰达控股持股稀释至 17.94%，降为第二大股东。

国企混改的理论基础是通过引入竞争性的纠错机制，避免一股独大下监督过度的分权控制理论。通过引入战略投资者，在主要股东之间形成竞争关系，由此建立一种自动纠错机制；它不仅可以有效地避免大股东一股独大容易导致的监督过度和决策失误，同时可以形成对经理人的制约，避免内部人控制问题的出现。只有通过分权控制，才能最终完成国资从原来“管人管事管企业”到“管资本”的角色转变。一个简单的例子是，BATJ 四巨头即使存在一定程度的瑜亮情结和恩怨情仇，但在反对主要股东可能损害外部股东利益的问题上也会坚定地站在一起。而面对 BATJ 联手的质疑时，联通集团将更多从股东利益最大化原则出发以股东的身份提出相关议案，避免损害外部股东利益的行为。

其次，对于涉及的基础战略性产业，混改股权设计仍然保持国资的一票否决权的相对控股。例如，在中国联通混改完成后，联通集团即使持股比例从此前的 60% 下降到 36.67%，但仍然高于拥有重大事项一票否决权的 33.3%。这显然是由中国联通所处的基础战略性产业的特点所决定的。我们认为，在未来从央企到地方国企的混改中，会频繁地出现一些处于基础战略性产业国资背景的主要股东持股 34% 的股权设计方案。为了保持在股东大会上国资的影响力，一些国企混改甚至会引入同样来自国资背景的战略投资者，作为战略同盟军。在联通的混改中，同样来自国资背景的中国人寿和中国国有企业结构调整基金无疑将扮演上述角色。

最后，国企混改引入战略投资者并不太在意战略投资者是投资类还是产业类背景，通过混改改善公司治理的目的高于产生协同效应的目的。理论上，关联产业之间的战略投资者引入更容易产生经济协同效应。然而，我们从已经完成混改的中国联通和北方信托来看，上述意味并不明显。这一定程度上表明，与协同效应相比，本轮混改更加看重通过混改改善公司治理。我们以刚刚阶段性完成的北方信托的混改为例。由于信托牌照的稀缺性，此次北方信托混改工作吸引了大量战略投资者和外界关注。而此次最终加入的三家民资新股东既有投资类也有产业类。在上述意义上，国企混改为一些产业类民企通过金融控股方式实现产融结合和跨越式发展带来了新的契机。

如果进一步对比和分析中国联通与北方信托的混改公司治理制度设计，我们可以看到二者存在一些明显差异。

第一，鉴于产业属性决定的无法通过直接让渡控制权来吸引战略投资者的事实，联通被迫选择“股权结构上国资占优，但在董事会组织中战略投资者占优”的模式来使战略投资者一定程度上达到激励相容，愿意参与混改。而并非基础战略性产业的地方国企北方信托则直接通过让渡控制权来实现这一点。

在联通 2018 年 2 月 8 日成立的新一届董事会 8 名非独立董事中，除了 3 名联通集团委派的董事，其余 5 名分别来自中国人寿、百度、阿里巴巴、腾讯、京东等战略投资者。

北方信托从混改酝酿阶段就明确不谋求控制权。在相关混改文件说明中，北方信托提出，无论是民企单一持股占比，还是民企整体持股占比，民企都将是绝对控股地位。从最终实现形式看，北方信托由三家民营企业合计受让 50.07% 的股权，这意味着民营资本取得了北方信托实际意义上的控股地位。不谋求控制权的混改模式很大程度上是一些地方政府为了摆脱目前并非处于基础战略性产业的地方国企在财务和经营上的困境而不得不采取的务实举措。出于同样的理由，不谋求控制权未来也许会成为地方政府对于非基础战略性产业的国企混改普遍采取的做法。

第二，在联通董事会组织中，持股高达36.67%的控股股东联通集团委任了8名非独立董事中的3名；而在北方信托中，以微弱优势成为第一大股东的日照钢铁将获得推荐董事长的权力。北方信托新的第一大股东日照钢铁仅持股18.30%，略高于持股17.94%的第二大股东泰达控股0.36个百分点，比持股17.65%的第三大股东上海中通仅高0.65个百分点。尽管日照钢铁将委派董事长，但未来的北方信托在公司治理实践中将成为股权制衡的典范。第一大股东日照钢铁及其委派的董事长将不仅受到来自国资背景的泰达控股的监督，同时也要接受来自民资背景的上海中通和益科正润等的监督。

相比较而言，对于处于非基础性和战略性产业的北方信托而言，我们看到，在股权结构设计和董事会组织上似乎都要比中国联通混改更加彻底，较好实现了国企混改从“管人管事管企业”到“管资本”角色转换的目的。成为第二大股东的国资背景的泰达控股未来更多是以投资者身份和制衡力量参与北方信托公司治理。而来自不同利益诉求和背景的股东只有齐心协力，共克时艰，才能最终实现合作共赢。

应该说，北方信托混改的阶段性完成对于提振目前略显萎靡不振的国企混改信心，打开新的混改局面具有十分重要的风向标作用。北方信托混改也用事实表明，我们之前的预言，随着混改的深入，一些国企的董事长和总经理开始写求职申请，不是开玩笑，而是正在成为现实。

第 7 节

国企混改可能的实现模式

像任何改革措施一样，混改只有成为双方或多方一致认同的最优战略组合（经济学上的“纳什均衡”）才能变得“可自我实施”。而一项可自我实施的制度安排需要满足两个基本条件。一是个体理性参与约束。具体到混改，即成为国企的（财务或战略）投资者给他带来的投资回报将高于其他投资的回报（机会成本）。由于有望利用混改的契机进入以往很难涉猎的垄断性战略性产业，并由此分享高额垄断利润，因此民营资本有很强的意愿参加混改。个人理性约束容易满足可以从 2017 年 8 月 BATJ 四大互联网巨头参与联通混改得到明证。二是激励相容约束。具体到混改，即混改无论对国有资本还是民营资本都需要做到有利可图，合作双赢。国有资本最根本的利益是促进国有资产的保值增值，以增进全民的社会福利。我们知道，开展混改的主要目的之一就是提升国有资本的运营效率，摆脱财务和经营困境，实现国有资本的保值增值，因而对于国资有利可图似乎是不言而喻的。而民营资本参与混改最大的担心则来自作为控股股东的国有资本对民营资本可能的侵吞和掏空。公司治理文献表明，最终所有者会借助金字塔式结构实现现金流权与控制权分离，对处于金字塔底端的上市公司进行资金占用、关联交易等隧道挖掘行为（Johnson，La Porta，Lapez-de-Silanes and Shleifer，2000；Claessens，Djankov and Lang，2000）。对于民营资本而言，如果作为控股股东的国有资本能够做出不利用控股地位来侵吞、隧道挖掘民营资本的利益的可置信承诺，民营资本就会从所有制的混合中获利，从而变得激励相容。当然激励相容约束条件满足的前提是国有资本所做出的承诺必须是可置信的。因而，如何使国有资本所做的相关承诺变得可置信成为混合所有制改革成功的关键。

那么，从上述评价基准出发，国企混改具有哪些可能的实现模式呢？

1. 模式之一：民企控股

云南国资委和新华都集团各自持有云南白药 50% 的股权这一典型案例开创了混改民企控股的白药模式。与云南白药相比，民营资本控股更为典型的例子是杭绍台高铁项目（参见本书第 4 章第 2 节对这一问题的详细讨论）。2016 年 12 月 23 日在浙江台州开工的杭（州）绍（兴）台（州）高铁，由于民营投资联合体持股 51%，成为我国首条民资绝对控股的铁路。杭绍台项目股权结构安排一度引起了很多人的担心：处于区域垄断性地位的杭绍台高铁项目是否会通过制定垄断高价攫取垄断性利润，而使当地居民被迫承受高的垄断价格？把具有极强长期正外部性的铁路基础设施交给短期盈利动机强烈的民营企业主导，这样做合理吗？

一个显而易见的事实是民资即使控股高铁项目也并不能为所欲为。我们做出上述判断基于以下三个理由。其一，按照哈特的不完全合约理论，在法理上股东权利来源于在不完全合约中对未做规定事项事后处置的救济权力。对于合约中已明确规定的部分，不需要也不应该由股东以剩余控制权方式加以实现。如果股东对合约中已明确规定部分指手画脚则属于股东权力的滥用。提供物美价廉的铁路交通服务是该项目向当地居民和政府做出的庄重承诺和需要履行的合同义务。由于并不太多涉及不完全合约问题，因而调价并非股东以投票表决方式行使剩余控制权的范围。其二，由于杭绍台高铁服务所具有的区域垄断特征，外部性极强的项目需要接受监管当局的监督，甚至成为相关反垄断当局重要的监管对象。如果杭绍台项目未来高额定价，相关监管当局可以开展反垄断调查并做出相应的处罚。其三，根据可竞争市场理论（Baumol，1982），即使杭绍台高铁项目具有某种区域垄断色彩，在杭绍台地区也还存在发达的公路和航海运输甚至航空运输，这些替代性的交通工具选择都是杭绍台高铁项目定价的重要参考因素。在理论上，杭绍台高铁项目所获得的超额垄断利润将吸引新的高铁项目的进入，从而打破杭绍台高铁项目对该地区高铁服务的垄断局面。

从云南白药和杭绍台高铁项目两个案例中我们看到，民营资本由于具有相对甚至绝对的控股权，不仅个体理性参与约束，而且通常难以满足的激励相容约束也能得到满足，因而有很高的积极性参与国企混改。

2. 模式之二：把国资转为优先股

优先股一方面在设定票面价值、固定回报率、不具有投票权、享有税收优惠等方面十分类似于债券；另一方面在股利发放时机选择、公司所得税和个人持有优先股的股利税缴纳等又特别类似于权益。因而，优先股作为重要的金融工具创新，被称为"伪装了的债券"。它的显著特征是可以有效避免股票持有人对企业经营管理的过度干预，确保经营权与控制权的分离，同时股利发放的优先地位有助于国资实现保值增值。因此，国企混改可以考虑像金融危机中救市的美国政府或阿里巴巴主要股东软银和雅虎那样，通过持有不具有表决权的优先股来向民营资本做出排除隧道挖掘、直接干预和经营企业的庄重承诺，以此来满足激励相容约束，推动国企混改实质性开展。

按照上述模式完成混改后，国有资本运营机构将根据上市公司过去的业绩表现和公司治理状况增持或减持优先股，来引导市场对上市公司的评价。这是通过标准的市场行为而不是行政途径来向上市公司施加改善业绩表现和公司治理的外在压力。国有资产管理部门由此完成了从"既管资本又管企业"向"管资本"的角色转换；混改新引入的若干家持股比例接近的机构投资者将实行分权控制，其产生的折中效应将有利于外部分散股东以及国有资产的利益保护；基于哈特的不完全合约理论提供的法理基础，体现股东作为公司治理权威的股东大会作为公司层面的最高权力机构，对包括董事更迭、并购重组等重大事项进行表决。

我们注意到，一段时期以来，国资管理部门开始提及以发行和转换优先股方式推进混改的相关政策主张。虽然迄今为止并没有把国资转为优先股的具体混改案例，但我们有理由相信，以上述方式进行混改可能会带来混改的重大突破，成为未来混改深入的关键。

3. 模式之三：子公司层面引入外部投资者

在目前已经或正在开展的国企混改中，大多是在子公司层面通过吸引机构投资者实行股权重构方式开展的（参见本书第4章第7节的详细讨论）。中航集团公司下属的航空货运物流公司的混改和中粮集团旗下金融板块专业化公司中粮资本都采用了类似的混改模式。这一模式所具有的现实合理性是：其一，子公司的股权重构为社会资本的进入，从而国资与社会资本“混合”提供物理平台；其二，子公司的股权重构有助于实现国资管理体制从原来“既管资本又管企业”向“管资本”的监管理念转变；其三，国资可以通过子公司中引入社会资本方式有序调整产业布局，将有限的资本集中到主营业务中来。

我们注意到，一些采用上述模式进行混改的国企在如何保障子公司参股的社会资本权益等方面还存在一些认识误区。其一，一些企业在混改方案提出前对待改革项目究竟是面临提高经营管理效率问题，还是面临融资约束问题，没有遵循子公司和分公司设定原则认真加以辨别，为了混改而混改。比如，在一些项目中机械地引入社会资本，并组建子公司及相应的董事会、监事会等公司治理结构。需要不断投入资金建设和维护的董事会、监事会等公司治理基本制度不仅无助于对项目而言最重要的经营管理效率提高，反而无谓地增加了企业的经营成本。其二，忽视子公司的基本公司治理制度建设，仍然把子公司当作分公司去管理。比如，在子公司董事会和主要管理团队任免上大包大揽，而不是通过与其他股东协商并按照出资比例推荐董事后通过股东大会表决产生。指派董事的兼职性，一方面造成了权利与义务的背离，另一方面薪酬激励不足，造成董事人选的难产。集团公司的行政命令直接代替子公司股东大会及其授权的董事会决策效力，导致子公司股东大会及其授权的董事会的公司治理权威性被削弱，社会资本的权益得不到有效保障。其三,一些社会资本迫于情面或者压力短期进入，等待时机全身而退，使得看起来已经实现的混改不可持续，后继乏力。

4. 模式之四：推出员工持股计划

员工持股计划是企业针对员工推出的将员工的回报与企业的长期发展捆绑起来，使员工更加关注企业长期绩效，避免追求短期利益而损害企业长期利益的激励方案。由于涉及股权重构，员工持股计划也被认为是混改重要的实现途径之一。国资委、财政部和证监会于 2016 年 8 月联合下发的《关于国有控股混合所有制企业开展员工持股试点的意见》（以下简称《试点意见》）成为混改员工持股计划推出的重要政策依据。然而，目前实施员工持股计划进行混改的国企在不同程度上存在以下问题。其一，缺乏必要的公司治理制度安排使持股员工真正成为公司的"主人翁"。在目前的制度安排中，管理层往往由上级任命，按照《试点意见》不属于允许持股的对象，而允许持股的员工却没有相应的公司治理制度安排来保障自己的权益。这相当于把自己的命运交给未必真正关心自己利益的其他人。其二，受到（员工持股计划）充分激励的员工当然是吸引社会资本参与国企混改的原因之一，但是员工持股后将使社会资本不得不面对的股东数目陡然增加，更何况这些股东并非普通的财务投资者，而是十分重要的利益相关者。员工持股计划的推行使得很多原来准备进入国企的社会资本望而却步。因此，员工持股计划是在已经实行混改后，由代表不同股东利益的董事会根据员工激励现状（例如，董事会经过科学评价认为传统的基薪 + 与绩效挂钩的绩效薪酬不足以向员工提供充分的激励）的需要推出，还是首先推出员工持股计划然后再引进社会资本进行混改值得商榷。其三，员工持股方案标的的重点应该是国企存量部分。国企具有吸引力和存在潜在问题的地方主要集中在存量部分。但是《试点意见》强调增量引入，以增资扩股和出资新设方式开展员工持股。同时员工持股不是无偿获得，员工入股应主要以货币出资，并按约定时间及时缴纳，试点企业不得向持股员工提供垫资、担保、借贷等财务资助。我们看到，员工感兴趣的标的（例如国企存量中具有高额垄断效益的部分）不允许持股，允许持股的标的往往是新开设的部分，员工却未必感兴趣。这使得员工持股变为国企混改方案设计者“一厢情愿”的事。其四，员工持股方案应该具有合理的退出机制。我国国企改革历史上曾经推出的职工股份合作制就是由于无法合理解决职工持股的退出问题无疾而终。《试点意见》规定，持股员工因辞职、调离、退休、死亡或被解雇等原因离开本公司，应在12个月内将所持股份进行内部转让；转让给持股平台、符合条件的员工或非公有资本股东的，转让价格由双方协商确定，转让价格不得高于上一年度经审计的每股净资产。持股的员工未来可能会在给定的有限市场，以并不太大的议价空间进行股份转让。我们看到，员工持股对于部分由于外部原因不得不进行工作转换的员工而言变得并没有太多的诱惑力。真正有能力的人害怕被绑定而不愿意接受员工持股计划，而接受员工持股计划的往往是能力不强的人。

2018年2月11日，联通公司公告拟推出的股权激励计划。按照该方案，联通向包括董秘和财务负责人在内的7 855名公司中层管理人员、核心管理人才和专业人才授予不超过84 788万股限制性股票，约占当时公司股本总额的2.8%。作为上市公司的联通公司在引入战略投资者之后，以发行限制性股票的方式推出员工持股计划，一定程度上缓解甚至部分规避了我们前面提及的担心。但公司治理制度安排、激励对象退出机制等是大多数并未上市的国企进行混改时依然无法回避的问题。因而通过推出员工持股计划来实现混改目的，对于大多数国企而言作用十分有限。即使对于实施员工持股计划条件相对成熟的联通，也仅仅以董秘、财务负责人等部分管理团队成员作为激励对象，而 CEO 等主要管理团队成员却并未成为激励对象。该股权激励计划最终实施效果如何，有待进一步观察。

5. 子公司层面 + 战略投资者 + 员工持股计划“三合一”模式

在混改实际推行过程中，很多国企会同时考量在子公司层面引入战略投资者和员工持股计划，从而形成所谓的“三合一”混改模式。2017 年 8 月推出混改方案的联通采用的就是“三合一”混改模式。在联通的混改安排中，联通集团在上市公司中国联通层面引入战略投资者并且采用了员工持股计划。

该公司其他前五大股东的持股比例均远低于联通集团在该公司的持股比例。联通通过在董事会组织层面引入更多来自战略投资者的董事，使战略投资者的利益得到兼顾，弥补了股权结构依然一股独大下战略投资者利益无法得到有效保护的不足，使得战略投资者能够在一定程度上变得激励相容。战略投资者超额委派董事因而成为控股股东重要的制衡力量和保障战略投资者利益的一个可置信承诺。

因此，只有使混改参与各方的利益得到充分保障，彼此激励相容，才能使各方真正做到合作共赢，混改才可能最终获得成功。

4 CHAPTER

第4章

国企混改的实现路径

国企在混改过程中不仅面临国企转制历史遗留的传承问题，以及相关公司章程的修改遭到中小股东反对的可能，甚至还存在为数不少的实务和理论工作者对民资在混改后控股国企并“为所欲为”的担心。这些看似仅仅是实施路径中的细节问题，但事关国企混改的成败。

在混改路径选择过程中，一方面，政府不能通过简单引入国家特殊管理股来谋求与承担责任不对称的控制权，而是需要使混改各方激励相容；另一方面，政府不能越俎代庖，把原本属于政府监管的内容，以产权控制的方式转嫁给国有企业。

对于陷入财务困境的国企，政府干预下的债转股构成披着市场化运作外衣的预算软约束，只是延缓了债务危机的爆发时间，不可能从根本上消除和真正化解债务危机。

对于子公司层面的混改，只有确实在子公司层面建立和完善有效保护全体股东权益的公司治理制度，同时通过灵活多样的股权结构选择和安排向社会资本传递出愿意混改的可置信承诺和制度诚意，社会资本才有动力实质参与混改，从而真正实现我国国企监管从“管企业”到“管资本”的理念和实践的转变。

第1节

国企改制引发的特殊传承问题

随着老一辈企业家日渐衰老，继承父业的子女能力不足是民营家族企业面临的典型传承问题。与民营家族企业所面临的传承问题不同，我国很多从早年国企改制而来的上市公司则面临新的传承问题。例如，媒体曝光率很高的葛文耀所在的上海家化、曾南所在的南玻A、王石所在的万科以及董明珠所在的格力莫不如此。这些声名显赫的企业家有很多共同之处。其一，他们付出半生的努力引领当年规模很小，甚至亏损严重的国企一步步成长为今天的行业龙头企业；其二，按照股权结构，他们持有的股份并不多，因而并非企业真正的主人；其三，这些经历过考验的优秀企业家对于他们所在的企业甚至行业具有举足轻重的影响。

然而，正当这些企业家思考如何将手中未竟的事业传承给下一代企业家时，中国资本市场在仓促间进入了分散股权时代。通过在二级市场举牌入主的新股东与这些企业家的冲突变成最具我国时代特色和制度背景的公司治理故事。一方面，新入主股东（例如入主上海家化的平安租赁和入主万科的宝能系）迫于所付出的高昂并购成本不断向上市公司施加短期盈利压力，甚至产生重新转让控制权的动机；另一方面，创业企业家即使在新股东入主后依然强势推行既定的并购发展战略。例如，上海家化葛文耀对海鸥手表的并购和格力董明珠对珠海银隆新能源的并购。作为此类冲突的延续，葛文耀突然“退休”等事件不可避免会发生。新入主股东与这些企业家的冲突将持续影响我国未来的公司治理实践。

这些冲突背后的原因或多或少与这些新入主股东与企业家的跨界有关。首先是新入主股东的跨界：过多地干预公司的传统经营管理事务。所有权与控制权分离恰恰是现代股份有限公司实现资本社会化和经理人职业化，利用专业化分工实现效率提升的关键，因而是现代股份有限公司的灵魂。在这次宝能系“血洗”南玻 A 董事会的事件中，甚至出现了连宝能系本身也并不愿意看到的以曾南为代表的高管团队集体辞职情况。“血洗”董事会成为我国上市公司仓促进入分散股权时代，因没有进行相应的公司治理制度调整和心理准备而不得不付出的制度成本。其次是这些强势的企业家的跨界：抛开传统业务的生产经营，去从事并购等资本运作。这些企业家过去不俗的业绩表现能够证明他们是经营管理高手，但没有证据表明他们同样是资本运作高手。或者由于新入主股东一方的跨界，或者由于这些企业家一方的跨界，甚至双方同时跨界，我们今天可以持续看到发生在我国资本市场的精彩纷呈、剧情不断反转的一幕幕全新的公司治理故事。

而在这背后隐藏着这些早年从国企改制而来的上市公司所面临的特殊传承问题。如果把公司交给自己信赖和长期培养的管理团队，持股比例并不高的企业家无法说服其他股东接受自己的提议；如果利用自己的影响力持续实际控制公司，这些企业家总有老去的一天，甚至由于自己的强势，时不时去跨界，难免会造成自己持有的股份无法承担责任的情况。这一传承问题之所以特殊，恰恰是由于这些企业家缺乏对于现代股份有限公司而言十分重要的控制权。而如果简单遵循股权至上的逻辑，企业家放弃自己的坚持，任凭新入主股东主导新的经营管理团队组建，则有时会使公司多年形成的经营管理经验和理念无以为继。在上海家化发生的高管更迭事件中，新入主股东主导的新组建管理团队短短数年内引起如此之多的争议，一定程度上表明，这一方式未必是理想的传承模式。因此，如同需要思考面对“野蛮人”入侵时如何激励创业团队以业务模式创新为特征的人力资本投资一样，公司治理的理论界与实务界同样需要思考，在中国资本市场进入分散股权时代，如何解决这些早年从国企改制而来的上市公司所面临的特殊传承问题。

目前更为紧迫的问题是如何阻止这些企业家与新入主股东的单向甚至双向跨界的问题。对于阻止企业家跨界，以新入主股东主导的股东大会集体表决的做法看起来并非完全无效。诚然格力过去对股东的红利回报可圈可点，但股东大会依然对格力并购珠海银隆新能源议案变相予以阻止；历史上，在新入主股东平安租赁的主导下，股东大会一度阻止了葛文耀提议的上海家化对海鸥手表的并购。与阻止企业家跨界相比，阻止新入主股东的跨界存在的问题显然更大。

分散股东过于习惯一股独大治理模式下大股东的大包大揽，不愿意站出来投下自己神圣的一票，这使得目前看起来阻止新入主股东的跨界缺乏有效的机制。这事实上是最近宝能系能够“血洗”南玻 A 董事会的原因。

从长远看，未来一个理想的阻止新入主股东跨界的可能机制是独立董事提议召开特别股东大会。之所以是独立董事，而不是董事会，恰恰在于董事会中的内部董事容易受到企业家的影响，或者受到新入主股东的影响，并不能从外部分散股东的利益出发对相关议案做出客观公正的判断。如果简单对照，我们发现，在一些上市公司股权高度分散的成熟市场经济国家，董事会理想组织模式为除 CEO 外其余皆为独立董事。这些来自外部、相对独立，同时关注声誉和职业发展的独立董事成为保护分散股东利益、调停企业家与新入主股东利益冲突的重要的第三方力量。必要时，由独立董事发起特别股东大会对有争议的事项以表决的方式进行最终裁决。毕竟全体股东可以并能够以出资额为限为所做出的决定承担相应的责任。例如，对于格力管理层突然提出的给 7 万员工总计加薪 8.4 亿元的议案，由于涉及重大资金投向和股东股利的重新分配，同样应该由利益中立、立场独立的独立董事提请股东大会讨论批准通过后实施。

毫无疑问，这一机制目前在中国资本市场并不成熟。其未来有效运作需满足两个必要条件。一是股东的成熟。这集中体现在股东权利意识的觉醒：手中的股票不仅是可以变现的有价证券，而且股票就是选票。作为未来股东主要构成者之一，机构投资者同样可以成为制衡企业家和新入主股东的重要力量。例如，在上海家化的案例中，机构投资者在制衡新入主股东平安租赁，改组董事会和推荐中意董事方面做出了努力。二是独立董事市场和相应制度的成熟。从遴选机制到薪酬制度，再到相应权利义务履行的各项制度安排，独立董事未来需要逐步摆脱花瓶和签字工具的形象，成为依靠声誉激励和法律风险约束下独立于当事方的第三方力量。在中国资本市场进入分散股权时代后，随着第一大股东持股比例不断缩减，比例不断增大的独立董事应该逐步代替股权集中时代大股东所扮演的部分公司治理角色。

在股东和独立董事成熟后，以独立董事为主的董事会将逐步成为我国资本市场公司治理新的权威。例如，在董事会居中协调下，并最终通过股东大会表决，向企业家实施高的股权激励等金降落伞计划使企业家顺利降落；独立董事主导的董事会提名委员会在听取企业家和新入主股东意见的基础上，按照实现公司持续稳定发展的原则，实现对新的经营管理团队的遴选和聘任。

除了上述公司治理制度的调整，对于具有国企基因的创业企业家面临的特殊传承问题的解决，同样有赖于观念的转变。创业企业家本身应该意识到自然生命周期的限制，选择主动适时退出。从产业资本过渡到公益性基金的持有，逐步从以往承担专用性投资的风险转向依靠风险分担的多元化投资。这方面典型的例子是美国微软前总裁比尔·盖茨的角色转变。新入主的股东则需要打破传统“股权至上”“老板雇佣打工仔”的思维，与企业家建立合作共赢的长期合伙关系，共同分享企业发展的红利。新入主股东对企业家应充满敬畏，尊重其经营管理的权威，而企业家应感谢新入主股东的风险与共。

第 2 节

民营资本成为控股股东就可以为所欲为吗？

2016 年 12 月 23 日在浙江台州开工的杭（州）绍（兴）台（州）高铁，由于民营投资联合体持股 51%，成为我国首条民营资本绝对控股的铁路，一时间引起诸多媒体的关注。一些人担心处于区域垄断性地位的杭绍台高铁项目可能会通过制定垄断高价攫取垄断性利润，而使当地居民被迫承受高的垄断价格。一些人进而质疑，把具有极强长期正外部性的铁路基础设施交给短期盈利动机强烈的民营资本主导，这样做合理吗？在这些质疑的背后，事实上包含着一个重要误解：民资成为控股股东就一定可以为所欲为吗？

由于以下四个方面的原因，民资即使成为高铁项目的控股股东，也并不意味着它可以为所欲为。

第一，在法理上股东权利来源于在不完全合约中对未做规定事项事后处置的救济权。按照2016年诺贝尔经济学奖得主哈特教授的观点，由于股东与经理人签订的合约是不完全的，预期到由于合约不完全，股东投资后出现经理人的敲竹杠行为，除非股东对不完全合约中未规定事项有最终的裁决权，否则股东并不情愿出资组成现代股份有限公司。为了鼓励股东投资，现代股份有限公司需要做出承诺，使作为所有者的股东对公司未来发生的重大事项拥有最终裁决权。这集中体现在股东享有以对重大事项投票表决形式实现的剩余控制权。这构成今天我们看到的经理人向股东负有的诚信责任受到法律保护的法理基础。如果对照哈特所发展的不完全合约理论的原意，股东权利受到法律保护的原因和股东实际享有的剩余控制权的逻辑出发点来自股东与经理人签订合约的不完全。这意味着对于合约中明确规定的部分，不需要也不应该由股东以剩余控制权方式加以实现。同样重要的是，股东之所以有权（受法律保护）来对公司重大事项进行最后裁决还在于作为出资者所具有的责任承担能力。这两个要件决定了现实世界中公司法和公司章程中所规定的需要提交股东大会审议的事项应具有以下基本特征：其一，涉及在公司组建时无法预期到的未来才会发生的重大资产重组、经营战略调整等事项。这与不完全合约是现代产权安排的逻辑出发点一致。其二，股东对参与表决的相关事项具有相应的责任能力。

如果说对于股东大会表决的议案股东需要具有相应责任能

力这一点容易理解，那么股东参与表决的事项仅限于不完全合约中未加规定的事项，而对于合约明确规定的部分股东无权干预这一点则并不容易理解。这也是现实中很多人认为控股股东可以为所欲为的认识偏差的来源。为了进一步说明这一点，我们举一个真实的例子。格力股东大会有权否决董明珠提议的并购案，这是由于并购案与合约不完全有关（在公司成立之初，董明珠和股东之间并未达成上述协定），议案的否决因而成为格力股东享有剩余控制权的体现和表征。但格力股东大会并没有拒绝或减少向严格履行薪酬合约义务的董明珠支付合约规定的薪酬的权力，否则会面临董明珠根据薪酬合约提起的诉讼。

第二，成为股东在意味着把剩余控制权的实施限制在不完全合约中尚未规定的事项的同时，还需要以出资体现的责任承担能力严格履行事先签订的完全合约所规定的相关义务。我们认为，当地政府之所以把上述高铁项目交给该公司，恰恰是由于该公司通过出资体现的责任承担能力能够向当地居民做出提供物美价廉的铁路交通服务的庄重承诺。这同时构成该公司未来需要履行的合同义务。这意味着，如果该公司没有很好地履行上述义务，当地政府有权终止该合约。一个典型例子是，中国重庆财信企业集团等民企发起对美国芝加哥证券交易所的收购。该收购案不仅得到芝加哥交易所董事会的一致同意，甚至连美国相关监管机构也表示欢迎。但这并不意味着入股芝加哥交易所的中国重庆财信企业集团可以利用股东的影响力为来自家乡的企业在芝加哥交易所上市大开方便之门。作为交易所，它需要严格履行当初向美国监管当局和资本市场做出的提供公平公正的中介服务的承诺，否则面临的不仅是监管处罚，还包括违反合约的相应惩罚。这个例子一定程度上告诉我们，控股股东身份只是表明上市公司的资本结构，但作为法人对于事先签订的完全合约不管控股股东是谁都需要严格履行。所以，成为控股股东是重要的，但没有想象的那么重要。

第三，按照反垄断的相关理论和实践，由于高铁服务所具有的区域垄断特征杭绍台高铁项目将成为相关反垄断当局重要的监管对象。对于过高的高铁票定价，相关监管当局可以开展反垄断调查并做出相应的处罚。

第四，即使杭绍台高铁项目具有某种区域垄断色彩，在杭绍台地区也还存在发达的公路和航海运输甚至航空运输，这些替代性的交通工具选择都是杭绍台高铁项目定价的重要参考因素。在理论上，杭绍台高铁项目所获得的超额垄断利润将吸引新的高铁项目进入，从而打破杭绍台高铁项目对该地区高铁服务的垄断局面。现实和理论的种种约束表明，即使是民营资本成为控股股东的杭绍台高铁项目，其实际的定价空间也是十分有限的，因而并不能为所欲为。

我们看到，民营资本成为控股股东的杭绍台高铁项目一方面并没有像一些人想象的那样可以为所欲为，另一方面从目前项目的进展来看，将实实在在为浙江上述地区的居民出行和经济发展带来便捷。杭绍台高铁路线全长 269 千米，设计高铁时速 350 千米 / 小时，将浙江境内三个经济发达城市连接起来，无疑将为提升浙江经济带的建设速度做出突出的贡献。然而，如果这条铁路依靠高铁建设的“国家队”中铁总公司来独资完成，则可能还需很长时间。事实上，马克思针对铁路建设曾经讲过一段非常深刻的话：“假如必须等待积累使某些单个资本增长到能够修建铁路的程度，那么恐怕直到今天世界上还没有铁路。但是，集中通过股份公司转瞬之间就把这件事完成了。”[①] 杭绍台高铁项目恰恰很好地诠释了马克思通过资本社会化才能实现社会化大生产的思想。而这与近年来我国国企通过引入民营资本实现国企混改的思路是一致的。由于中铁总公司作为股东方全程参与项目，杭绍台高铁项目由此也成为国企混改的样本。

这里引出一个值得我们思考的问题。按照中国工程院院士、铁路专家王梦恕的说法，这些铁路只要是设计成客货两用的，从国内外经验看基本是赚钱的，只是时间长短问题。但为什么民营资本更愿意在杭绍台高铁项目上参与混改，而在其他项目上表现得并不积极呢？显然这很大程度上与民营投资联合体这一参与主体成为控股股东有关。成为控制性股东无疑使民营资本获得一个未来实现投资回报相对可置信的承诺，这对于解决民营资本的投资激励问题十分关键。这也是我们曾经主张在国企从“管企业”转变为“管资本”的背景下，混改可以通过把国有资本转变成为附带一定条件的优先股来实现背后的原因。持有优先股的国有资本可以很好地实现保值增值、增进全民福

① 马克思，恩格斯．马克思恩格斯全集：第 44 卷．北京：人民出版社，2001：724.

利的目的，而民营资本则从中看到了国有资本混改的诚意和所做出的制度承诺。

杭绍台高铁项目给公司治理和国企改革实践带来的积极启发是：首先，股东通过投票表决对重大事项的影响力应该限于组建公司时不完全合约中尚未规定的资产重组和经营战略调整等事项，而合约中明确规定的部分则不应该成为股东讨论和决定的范畴，而应严格按照合约履行相应的义务；其次，成为控股股东不仅意味着对不完全合约未涉及事项的影响力，而且意味着需要对所做出的决策承担与出资额对称的责任；再次，成为控股股东将使民营资本获得一个未来实现投资回报相对可置信的承诺，有助于解决民营资本的投资激励问题；最后，民营资本即使成为控股股东，也并不意味着它可以为所欲为。

第3节

避免用产权控制代替政府监管作为

在“毒疫苗”事件发生后，一些学者把问题发生的根源指向相关公司历史上的私有化和经理人收购（MBO）。其实，就像华尔街资本家的过去、现在和将来一样，不言而喻，盈利是其十分明确的动机。但坚守盈利在任何时候不能以损害公众利益为代价的底线，除了企业出于基业长青的考量，很大程度上靠政府的监管。而我国历史上毒奶粉事件相关企业的国有性质表明，与问题企业是否为国有性质相比，相关政府部门积极监管才是解决问题的根本和关键。

雾霾治理这一大众流行话题引起的不仅是对如何治理雾霾本身的思考，同时也有学术界对政府监管思路的新反思。一些学者担心，打破能源垄断很可能带来更严重的雾霾。根据他们的看法，造成雾霾的主因是资本的天然逐利性，由此认为国企更有可能在消除雾霾上有所作为，因为它们按其性质是属于“全体人民”的，更有条件和责任“跳出”资本逻辑。也有人认为，中国雾霾形成的根本原因是能源供给与消费以煤炭为主，主张治霾从央企整合开始，推动石化、电力、煤炭企业间的链式整合，全面升级建立以“煤气化”为核心的多联产能源系统，实现中国能源消费由一次能源向二次清洁能源转化，“以小代价换时间、少博弈换蓝天”。

在政府监管实践中，有一种错误的认识，即用产权控制简单代替政府监管，把政府最重要的监管职能和社会责任转嫁给相关企业（特别是国有企业）。2007 年、2008 年发生在山西、内蒙古、河南、河北、四川等地的煤矿产业整合，就是上述思路的典型体现。当地政府责令国有煤矿企业对民营煤矿进行并购，希望通过国有产权控制减少煤矿的安全生产和煤炭乱采滥挖问题。其背后的逻辑是希望通过国有产权控制，来跳出所谓“资本逻辑”。

时至今日，受融资成本高（曾短期内筹措巨额并购资金）以及大量冗员的影响，兼并民营煤矿的国有煤矿日子并不好过。近年来，煤炭行业发展的不景气更使其雪上加霜。在中国企业联合会、中国企业家协会发布的 2014 年中国企业 500 强榜单中，有 17 家煤炭企业存在亏损。

为刺激本地经济的发展，一些省份开始推出吸引民营资本投资的新方案，很多当年被迫退出煤炭行业的江浙民营企业家，在接到新邀请时的反应是“打死我也不会再到那里投资了”。由此可见，当年通过国有产权控制来代替政府监管作为，给涉及煤矿生产的国有资本和民营资本带来的后果十分严重!

如今，面对雾霾的肆虐，一些学者希望具有垄断市场地位的国企担起雾霾治理的重担，甚至认为打破能源垄断很可能带来更严重雾霾，以至于一时间中国石油化工集团与中国石油天然气集团合并的传闻甚嚣尘上。如同质疑当年通过国有产权控制来代替煤矿生产安全和资源无序开采的监管一样，基于同样的逻辑和理由，上述思路可以走多远?

根据现代股份有限公司的实践和现代产权理论，产权控制和安排的实质是解决外部股东的投资激励不足问题。对于一家具有相对良好的治理结构的公司，钱从哪里来、是谁的钱已经不再重要，它需要在相关法律约束和政府的监管下开展经营活动以创造利润，回报投资者。

一个企业只要开展正常的生产经营活动，就会产生可能的外部性，来自政府的监管作为就变得必要。国有产权控制与政府监管作为之间并没有内在的关联，更不是简单的替代关系。在监管实践中，政府应该摒弃用产权控制代替政府监管作为的错误思路，更不应该把监管的缺失和不作为的责任转嫁给企业，特别是国企。

无论国有资本还是非国有资本控制企业生产经营，都会发生环境污染、安全生产隐患、资源无序开采等外部性问题，那么，政府应如何进行监管呢? 可从以下三个方面改善监管实践。

第一，事前监管规则的透明。回到雾霾的治理问题。监管当局应对石油产业的技术标准（例如生产欧五标准以下的企业不准进入石油产业）和风险承担能力（例如出资规模）等进入门槛做出明确规定，而无论其资本来自民企还是国企，或是二者的混合。在美国有上千家油企，且几乎都是非国有资本，这并没有影响石油产品的生产质量。

一个极端的例子是，一些看起来涉及国家安全问题的军工产品，也可通过采购招标由民营企业生产。例如，波音通过投标承担了很多美国国防军用设备的制造，只要监管作为（对波音违反保密协议的有形和无形的惩罚）到位，涉及国家安全问题的军事装备由民企还是国企制造就不是问题。

第二，事中监督程序的公正。监督程序的公正涉及三个方面：一是监督对象和媒体公众对监督信息的知情权；二是监管人员依照相关法律法规独立开展监管，避免权力干扰；三是对监管过程中腐败行为的严惩。

除了法制建设，事中的监督还可以借助媒体曝光和社会监督来实现。杜邦公司是一个借助媒体报道来实现环境污染治理的例子。具有悠久历史的美国杜邦公司是世界 500 强企业中最长寿的公司之一。美国自然资源保护委员会、美国野生动物保护联盟等组织收集并定期通过媒体发布“污染最严重的 500 家企业”榜单。1990 年排名榜首的杜邦在无任何法律强求的情况下，修改了公司战略，希望公司的排名以最快的速度下降。杜邦的例子告诉我们，治理环境污染不是依靠国有产权控制，而是依靠舆论监督及其背后的政府积极监管作为。

第三，事后监管惩罚的严厉。对于查有实据的违规企业，依据法律程序要严惩不贷。绝不能因为涉事企业是国企而有心袒护、厚此薄彼，更不应大事化小、小事化了。对涉事的企业进行严厉处罚，往往会对后来胆敢涉事的企业形成强大的威慑。

总之，对于环境污染治理、煤矿安全生产、资源乱开滥采等涉及外部性的问题，我们应该从如何改善政府监管本身去提出可能的政策建议，而不是主张“新产权万能论”，用产权控制来代替政府监管作为。如果治理雾霾的监管思路循着当初治理煤矿的监管思路，用产权控制代替政府监管作为，有可能南辕北辙，离预期实现的雾霾治理目标渐行渐远。

第4节

国家特殊管理股的设计误区

据报道，我国政府在两家互联网媒体初创公司进行试点国家特殊管理股制度工作，互联网监管部门和人民网将持有移动新闻平台一点资讯和北京铁血科技股份公司不到2%的股份，而互联网监管部门和人民网可任命一位政府官员为公司董事会成员，并对公司运营拥有话语权。

我国国家特殊管理股的推出一度让人联想到英国于1984年实施电信私有化方案的金股。英国电信向市场出售50%的股份，成为民营公司。在十年间的三次减持过程中，英国政府完全放弃其拥有的股权与收益，只保留了一股金股。金股的权利主要体现在否决权，而不是受益权或其他表决权。而且金股通常只有一股，几乎没有实际经济价值。私有化之后的英国电信在商业上取得了巨大成功，跻身全球顶尖电信运营商之列。

与英国政府确保英国电信私有化平稳过渡而推出的金股不同，我国目前试点的国家特殊管理股不仅需要投入资金去获得，而且需要任命一位政府官员为公司董事会成员，并对公司运营拥有一定话语权。

我国相关部门之所以推出上述举措，一是为了提高监管效力，二是借助看起来更加符合市场原则的现代公司治理构架履行监管职能，代替那些呆板生硬同时缺乏效率的传统监管举措。尽管上述举措的初衷是好的，但股权设计如果违反基本原则，反而可能混淆监管和股权行使的边界，使原本清晰的董事对股东在法律上的诚信责任变得模糊，与最初推出相关举措的初衷背道而驰。

进行股权设计首先需要了解股东权利的法理基础。我们知道股东是现代股份公司治理的权威。公司治理最初的含义由此被科斯理解为权威的分配和实施。科斯围绕谁应该成为权威、权威如何分配以及权威如何实施的问题展开了长期讨论。直到 2016 年诺贝尔经济学奖得主哈特于 20 世纪 90 年代发表现代产权理论后才明确股东为企业公司治理的权威。

与债权相比，投资者选择持有一家公司发行的股票看上去不靠谱得多。例如，权益融资不会有标的资产做抵押，也不像债务合约那样具有明确的贷款期限和利息水平规定。现代股份公司还时不时把“除非董事会做出承诺，否则发放股利不应成为公司一项义务”的口头禅挂在嘴边，威胁投资者在公司经营状况不好时不发放股利。

但投资者为什么仍然愿意购买公司发行的如此“不靠谱”的股票呢？这就是所谓的“现代股份公司之谜”。

哈特揭开了谜底。股东在完成投资后会面临现代股份公司事后的敲竹杠行为。于是哈特给出了一个重要政策建议：通过产权安排，让投资者成为所有者，享有所有者权益，投资者自然就愿意购买上市公司发行的股票了。所有者权益包括以下两重含义：一是剩余索取权，即股东的受益顺序排在债权人、雇员等受益者之后；二是剩余控制权，即股东对重要事项以投票表决的方式进行最后裁决。这成为股东作为所有者可以享有的基本和主要权利。于是，拥有剩余控制权的股东并不担心在投资完成后敲竹杠行为的发生，因为不完全合约未规定的事项最终由投资者决定。

现在我们可以回答为什么投资者愿意投资与债权相比看上去不靠谱得多的股票。显然是现代股份公司为了鼓励投资者投资，向投资者做出的投资者成为股东将（集体）享有所有者权益的庄重承诺。

概括而言，一方面可以为最终做出的决策以出资额为限承担有限责任，另一方面通过股东大会集体行使所有者权利，股东由此成为公司治理的权威。而以合约不完全作为逻辑出发点的现代产权理论则为股东成为公司治理权威提供了法理和经济学基础。

在了解了股东权利的法理基础上，我们接下来讨论股权设计应遵循的原则。从哈特的现代产权理论出发，一个看似自然的逻辑推论是公司治理实践中应该形成股权至上的传统。在股东围绕重要事项的投票表决中应遵循同股同权和一股一票原则。

但同股不同权的公司控制权安排模式也开始频繁出现。构成对同股同权的直接挑战的是双重甚至多重股权结构股票。

来自中国企业的发行双重股权结构股票的典型例子是2014年在美国纳斯达克上市的京东。京东同时发行两类股票。其中，A类每股具有1份投票权，B类每股具有20份投票权。出资只占20%的创始人刘强东通过持有B类股票，获得83.7%的投票权，实现了对京东的绝对控制。

2017年3月2日在美国纽交所上市的Snap甚至推出三重股权结构股票。其中，A类股票没有投票权，B类股票每股1份投票权，而C类股票每股10份投票权。分享全部C股的两位联合创始人共拥有该公司88.6%的投票权，Snap由此被牢牢掌控在两位联合创始人手中。

2014年在美国纽交所上市的阿里巴巴是中国企业中的另一个范例。通过合伙人制度，阿里巴巴变相推出不平等投票权股票。当时，第一大股东软银和第二大股东雅虎分别持有阿里巴巴31.8%和15.3%的股份。阿里巴巴合伙人共同持有13%，其中马云本人持股仅7.6%。但根据阿里巴巴公司章程的相关规定，以马云为代表的阿里巴巴合伙人有权任命阿里巴巴董事会的大多数成员，而成为公司的实际控制人。在阿里巴巴由 11 人组成的董事会中，大部分的执行董事和几乎全部重要高管都由阿里巴巴合伙人团队出任。持股高达 31.8% 的第一大股东软银仅仅在董事会中委派了一名观察员。

随着互联网时代资本约束门槛的降低和人力资本价值的提升，无论是京东双重股权结构，还是阿里巴巴合伙人制度都与哈特鼓吹的公司治理最优模型同股同权相去甚远。股权设计理念看似发生了重要的转变。但需说明的是，股权设计背后所需遵循的基本逻辑和原则并没有发生改变。这个“不变”体现在以下四个方面。

第一，对股东意愿的充分尊重。对于京东发行的双重股权结构股票，投资者是否愿意购买和以什么价格购买与 B 类股票投票权不同的 A 类股票是标准的市场行为。由于投票权不同，对控制权的影响力不同，具有更高投票权的 B 类股票价格要高于 A 类股票。

对充分尊重股东意愿原则的更典型的体现是之前持股 31.8% 的软银和持股 15.3% 的雅虎对阿里巴巴实际控制权的放弃。软银没有直接委派董事，还放弃了董事候选人的提名权，仅仅在董事会中委派了一名不参与实际表决的观察员。而雅虎更是连观察员都没有委派。软银和雅虎通过支持合伙人制度，将阿里巴巴的实际控制权交给持股仅 13% 的阿里巴巴合伙人，使得阿里巴巴合伙人专注于业务模式的创新，软银等放弃控制权却赚得钵满盆满。

第二，专业化分工的深化。无论京东的双重股权结构股票还是阿里巴巴的合伙人制度都是现代股份公司专业化分工逻辑的延续。

在阿里巴巴，实现了阿里巴巴合伙人与主要股东软银、雅虎之间从短期雇佣合约向长期合伙合约的转变，形成所谓的“铁打的经理人，流水的股东”，甚至“铁打的经理人，铁打的股东”局面。一方面由阿里巴巴合伙人专注业务模式创新，另一方面则由软银、雅虎等股东专注风险分担。

专业化分工深化的客观好处是可以有效防范“野蛮人”入侵。当万科创始人王石率领的管理团队由于“野蛮人”的入侵而焦头烂额时，阿里巴巴合伙人与刘强东通过预先的上市控制权安排可以心无旁骛地致力于业务模式的创新。同股不同权的双重股权结构股票看似不平等的背后，更好地实现了投资者权益的平等。

第三，股东对企业财产权的集体所有。公司法实践是，股东大会以投票表决方式对公司重大事项进行最后裁决，通常需要 2/3 以上的多数同意才能获得通过。在各国公司治理实践中，并没有由此忽略对处于信息弱势的中小股东的利益保护。其中一个十分重要的举措就是累积投票制度。累积投票制度指的是以局部集中的投票方法，使中小股东选出代表自己利益的董事，避免大股东垄断全部董事选任的股东表决制度安排。累积投票制度的推出是以更好的方式和在更高的层面，实现对不同股东权益公平的保护。

第四，董事与股东之间法律上明确的诚信责任。由于股东集体享有所有者权益，以投票表决的方式对公司重大事项进行最后裁决，股东由此成为公司治理权威。董事在法律上对股东负有诚信责任，即董事需要履行忠诚义务和勤勉义务来实现股东价值的最大化。

因此，当国家特殊管理股以实施监管的名义推出时，一定程度上把股东的部分所有者权益交由第三方，因而形成模糊的诚信责任。能够承担决策责任后果的股东可能无法做决策，而无法承担决策责任后果的第三方却有权做出决策。当股东与第三方的利益发生冲突时，引入第三方也可能使董事处于多头负责的状态。理论上，董事可以借口避免损害第三方的利益而损害股东的正当利益，甚至以分别保护第三方和股东利益之名，行追求董事私人利益之实，使第三方与股东的利益均受到损害。

对照上述股权设计需要遵循的基本原则，我们看到，由于无法很好地体现专业化分工的深化，同时改变了所有者权益集体分享的原则和对股东作为公司治理权威的尊重，国家特殊管理股的推出在股东大会表决通过时可能面临挑战，股东可能投出反对票，甚至选择“以脚投票”。

从上述股权设计应遵循原则的讨论中，我们得到的一个基本结论是：股权行使与监管职责的不可替代性。而通过推出国家特殊管理股来改善监管效力，除改变了上述股权设计应该遵循的基本原则外，还一定程度上混淆了监管职责履行和股权行使的边界，容易导致监管的越位、错位和缺位。

分析表明，现代股份公司一方面使股东作为公司财产的共同所有者成为公司治理的权威，另一方面明确董事对股东负有法律上清晰的诚信责任。因此，股权行使的法理和经济学基础是哈特发展的基于不完全合约的现代产权理论。

实际上，监管职责的法理和经济学基础来自负外部性的存在和科斯定理。按照科斯定理，无论上游钢铁厂有向下游渔场排污的权利，还是下游渔场有不被上游钢铁厂污染的权利，当双方交易成本为零时，通过合理补偿对方，总可以达到有效率的钢铁生产量和排污量。因而，产权初始配置与资源配置状态最终效率无关。但由于现实经济生活中双方讨价还价合约履行的交易成本不为零，因而初始产权的界定和保护就变得十分重要，由此需要引入第三方监管，以减少负外部性。而作为守夜人和市场经济中的裁判员的政府，自然成为界定和保护初始产权和降低负外部性的理想的第三方。从这一角度，科斯发展的这一产权无关性定理，成为现实经济生活中外部性引发的政府监管职责履行行为存在的法理和经济学基础。

政府监管与股权行使的差异的比较如表4-1所示，可以看到，无论是法理基础、行使范围、实施主体还是实施目的，二者均存在重大差异，因此不能通过股权行使来简单代替政府监管。

表 4-1　政府监管与股权行使的差异的比较

	法理基础	行使范围	实施主体	实施目的
股权行使	基于不完全合约的现代产权理论（哈特）	公司内部	被法律认同为集体享有所有者权益的股东	鼓励投资者投资
政府监管	负外部性的存在和科斯定理	存在负外部性，需要进行产权界定和保护的事项	第三方（政府）	减少负外部性

混淆政府监管与股权行使的边界的结果是很难避免监管的缺位、越位和错位。例如，一些省份试图通过国有煤矿对民营煤矿的并购来解决煤矿安全生产问题。把安全生产监管责任从政府转嫁给国企，直接导致监管的错位；由于混淆“运动员”与“裁判员”的角色，对其他市场参与者形成不公平竞争，导致监管的越位；而这些整合后的煤矿并没有从根本上解决安全生产问题，导致真正的监管缺位。上述通过产权控制实现监管目的的强制性的并购行为使这些国有煤矿消化不良，部分企业经营困难。

因此，在国家特殊管理股的推出问题上，我们认为，股权问题归股东，监管问题归政府，各司其职。

监管不是通过股权设计转嫁或强加给企业的问题，而是如何改善监管效力的问题。以目前推出国家特殊管理股试点的文化娱乐产业为例，有效监管政策的制定和实施需要来自事前监管规则的透明、事中监督程序的公正和事后监管惩罚的严厉三个方面。

未来也许会通过制定与传媒相关的法律和法规，政府明确提出统一的监管标准，做到事前监管规则的透明。事中监督程序的公正则涉及三个方面：一是监督对象和媒体公众对监督信息的知情权。二是监管人员依照相关法律法规独立开展监管，避免权力干扰。三是对监管过程中腐败行为的严惩。除了法制建设，事中的监督还可以借助媒体曝光和社会监督来实现。而如何确保法律程序和司法裁决的公正透明，避免司法腐败在当下中国仍然面临严峻的考验。事实上，这已成为我国食品安全问题、煤矿安全生产问题甚至幼儿园虐童事件频发的重要原因。

对于国防军工等特殊产业，除了可以参照上述监管实践严格执行，还可以根据行业的特殊性，制定特殊监管条例。

第5节

债转股：披着市场化运作外衣的预算软约束

相对于资不抵债将面临法律诉讼和破产清算而被称为硬约束的债务融资，权益融资面临的是软约束。除非董事会做出承诺，否则发放股利并不会成为公司的一项义务。债转股由此成为企业用来摆脱财务困境、化解财务危机的潜在手段之一。即使从商业银行角度而言，债转股也不失为当商业银行的贷款对象出现一定问题时，商业银行所采取的一种资产保全方式。那么，债转股真的可以成为企业摆脱债务危机、商业银行保全资产的万灵药吗？

首先，债务融资和权益融资两种融资手段的优势互补是通过选择合理的资本结构，而并非通过债转股实现。

债务融资和权益融资往往在公司财务教科书中被描述为处

于融资工具连续体的两极。权益融资具有的“除非董事会做出承诺，否则发放股利不是公司的义务”的典型特征意味着，只有在效益良好的状况下董事会才会做出发放股利的决策。因而，股利发放不会成为使原本经营困难、现金流短缺的企业雪上加霜的外部压力。不同于权益融资，债务融资必须在债务合约规定的期限内偿还本金和利息，否则债务方将面临法律诉讼，被迫破产清算。这就是人们通常说债务融资是硬约束，而权益融资是软约束的原因。

对于这两种性质截然不同的融资工具，公司财务实践通过合理的资本结构选择来使二者扬长避短，优势互补。例如，研发投入大、面临高市场不确定性的信息技术企业，应该少选择一些硬约束的债务，多发行一些能根据经营情况做出灵活调整的权益。作为错误的资本结构决策的补救手段，与资本结构选择相比债转股并不能很好地实现两种基本融资工具的优势互补和扬长避短。

其次，科尔奈把匈牙利等东欧前社会主义国家国营银行效率低下、呆坏账问题严重归咎于预算约束软化，而政府干预下的债转股则一定程度上成为披着市场化运作外衣的预算软约束。向国有企业提供资金的政府机构或国有银行往往未能坚持原先的商业约定，使企业的资金运用超出了当期收益范围。但在政府的干预下，银行并没有把一些效率低下、该破产清算的企业推向破产，而是不断注入新的资金，以新债还旧债，使得预算约束软化。由于政府提供的上述隐性担保，预算约束软化的国有企业缺乏破产清算的威胁，也就缺少改革创新动力，长期维持效率低下的局面。

科尔奈的预算软约束理论由此很好地解释了为什么直到今天我们仍然需要对国有企业开展以混改为特征的新一轮改革。许成钢教授在评论“僵尸企业”、产能过剩时指出，“这些实际上都是非常老的问题，而且问题的产生完全在预料之中。这些问题的根源在经济学里叫作预算软约束，在经济学界这是一个非常基本的概念。这个概念早在20世纪70年代东欧改革的时候科尔奈教授就提出了”。今天被很多陷入债务危机的企业用作万灵药的债转股看似市场化运作，使一些发放贷款的银行和持有企业债券的人的身份从原来的债权人转化为股东，但实质上在政府的干预下同样完成了债务融资从硬约束向软约束的转化。

再次，债转为股后，原债权人并非像看上去一样“一转了事”，而是需要未来在履行股东职责过程中投入大量新的成本，特别是参与处于某一特定产业的企业的公司治理和经营管理远非一些仅仅擅长资产管理的商业银行和普通债权人的比较优势。因此债转股虽然看上去暂时使债权人的资产得到保全，但如果未能确实建立有效的治理构架促使经营团队着实改善经营管理，往往仅仅是使无法偿还的债务延期，不能从根本上化解债务危机，债权人的资产依然处于风险状态。有时，延长的呆坏账损失比立即清算残值的补偿损失更大，甚至会拖累银行或债权人长期的不良资产状况。

在尝试以债转股化解债务危机的国内外案例中，我们看到的更多是惨痛教训。债转股曾经在智利、巴西、阿根廷、墨西哥、保加利亚、俄罗斯、乌克兰、南斯拉夫、匈牙利和波兰等国家中采用过。除了少数或者由于短期资金周转困难，或者基于市场原则进行的债转股获得成功外，大部分政府干预色彩浓厚的债转股以失败告终。

需要说明的是，债转股计划在东北特钢的债务化解历史上并不是第一次出现。早在 2000 年，作为全国三大特殊钢生产企业之一，东北特钢的前身大连钢铁（集团）有限责任公司在上一轮国企改革中就曾经采用了债转股的危机化解模式。当年 6 月，在东方、信达、华融资产管理公司和辽宁省国资委、黑龙江省国资委以及抚顺特钢账面出资后，大连特钢的债务转为股份。

2016 年 3 月 24 日，东北特钢的董事长杨华突然自杀身亡。这起突发事件发生后的第三天，公司即发布公告称“15 东特钢 CP001”已经构成实质性违约。至此掀起东北特钢债券违约浪潮，各种期限（中期、短期、超短期）和不同发行渠道（公开、非公开）的违约债务总额一度超过 85.7 亿元人民币。新任董事长一度提出将公司 70% 的债务进行债转股。当意识到辽宁财政无法再次为债转股兜底时，债权人一致拒绝再次债转股。由于债权人在持有人会议上坚决抵制债转股行为，并在 2016 年 9 月 26 日正式向大连市中级人民法院申请对东北特钢进行重整，东北特钢于 2016 年 10 月 10 日正式进入破产重组程序。

从东北特钢债转股处置过程来看，几家资产管理公司当初之所以同意债转股，很大程度上是由于当地政府所提供的隐性担保和财政兜底。这些资产管理公司即使在债转股后也并没有像预期的那样深度参与公司治理。地方财政无力按合约回购债转股之时，即是通过债转股得以暂时延缓的新的债务危机爆发之日。在一定程度上，东北特钢债务危机是当年科尔奈观察到的国有银行贷款如何由于预算约束软化而将贷款一步步转化为呆坏账的情景再现。因而今天被媒体解读为“意外私有化”的沈文荣控股东北特钢实属当地政府为化解东北特钢债务危机所采取的无奈之举。

最后，对于那些处于暂时资金周转困难，未来存在转变为优良资产可能的债务，债务危机的化解完全可以采用其他融资成本更低的融资工具，而并非一定通过债转股。如果资产管理公司经过充分的价值评估和资产分析后，认为确实可以进行债转股，应由该资产管理公司基于市场原则独自做出商业决策，并为自己的商业决策承担最终的责任。政府绝不应该以财政兜底的方式提供隐性担保，到那时拖累的也许不仅仅是深陷债务危机的企业和提供资金支持的银行等债权人，还有当地政府的声誉和公信力。

在实践中，积极鼓吹债转股的不仅有深陷债务危机的企业的管理者，也有出于化解国企高债务目的和执行供给侧结构性改革去杠杆政策的地方政府。而来自拉美、东欧国家以及东北特钢历史上的债转股案例表明，政府干预色彩越浓厚，通过债转股化解债务危机成功的可能性越小。政府的隐性担保只是延缓了债务危机的爆发时机，不可能从根本上消除和真正化解债务危机。正是在上述意义上，我们倾向于认为，政府干预下的债转股变成披着市场化运作外衣下的预算软约束。

第 6 节

公司章程修改，股东为什么会投反对票？

在我国很多上市公司高管记忆深处，2015 年万科股权之争中的“门外野蛮人”成为挥之不去的阴影。一些公司纷纷通过公司章程的修改来引入反并购条款，以阻止“野蛮人”的入侵。

概括而言，公司章程围绕反并购条款的修改主要涉及以下两方面。其一，提高更换董事和高管的成本。例如，引入“金降落伞”条款，提高对公司董事、监事、高管提前终止任职的补偿；规定每年或每次改选董事时可更换董事的最高比例。例如，廊坊发展在 2016 年 8 月拟修改的公司章程中，增加除任期届满或辞职的情形外每年改选非职工董事不超过 1/3、非职工监事不超过 1/2 的规定。其二，改变公司治理结构，提高股东提出议案和参与议案表决的难度。例如，在一些公司章程修改事项中，授权董事会对股东提案进行预先排除、对股东召集股东大会的请求不予配合，甚至授权董事会不承认股东大会决议，并允许就此提起诉讼。

在险资背景的宝能系“血洗”南玻 A 董事会和监管当局对险资出台严厉的监管措施后，防范“野蛮人”入侵的反接管条款在公司章程中的引入不仅获得资本市场的广泛同情，甚至得到监管当局的背书。然而，一些上市公司所提出的类似上述章程修改议案出人意料地未获得股东大会通过。那么，应该如何理解股东在上述章程修改议案上“出人意料地”投反对票的行为呢？

在讨论这一问题之前，我们需要澄清股东享有上述权利的法理基础。

其一，股东可以对董事会提交股东大会表决的议案投赞成票或反对票，这是股东的基本权利。按照哈特教授的观点，投资者之所以愿意把自有财富交给一个陌生的经理人，而不太担心经理人“敲竹杠”等机会主义行为，恰恰是由于股份公司事先已向投资者做出承诺：出资入股的投资者将成为被称为股东的公司所有者。成为股东意味着可以对股份公司中（由于合约不完全导致的合约中尚未规定的“剩余”）重大事项拥有最终裁决权。上述权利在哈特发展的不完全合约理论中称为剩余控制权。这集中体现在围绕董事会提议的资产重组、经营战略调整和管理团队更迭等重大事项上股东在股东大会上所行使的表决权。因而，尽管不同国家的公司法在形式上会有这样那样的差异，但都会十分明确地规定董事需要对股东在法律上负有诚信责任。它同时构成股东作为股份公司所有者对重大事项享有表决权的法理基础之一。

其二，同样重要的是，股份公司（包括经理人）之所以同意授予股东上述权利，是由于股东作为出资入股者有能力承担相关决策制定带来的后果。在现代股份公司有限责任制度下，股东以出资额为限承担有限责任。因此，在股东大会上做出表决不仅意味着股东作为所有者享有权利，而且意味着他们未来需要对所做出的决策承担相应的责任。在阿里巴巴以合伙人制度在美国上市过程中，当时持股 31.8% 的软银和持股 15.3% 的雅虎等大股东同意持股仅为 13% 的马云等合伙人对阿里巴巴董事会的安排具有实质影响，但以马云持股比例不低于 1% 为限。软银和雅虎当然没有也不会允许没有持股的其他经理人成为公司的实际控制人。之所以做出上述规定，同样出于成为实际控制人必须具有一定的风险承担能力的考量，尽管软银和雅虎已经用持股的事实表明愿意与马云等合伙人一起承担风险的意愿。参与表决者必须具有一定的责任承担能力构成股东作为股份公司所有者对重大事项享有表决权的另一个法理基础。

上述讨论表明，股东在股东大会上行使表决权（无论是赞成还是反对）不仅是股东法定权利的体现，而且意味着未来对决策后果的责任承担。在一股一票制下，股东通过在股东大会上行使表决权可以很好地体现建立在上述法理基础上的股东作为股份公司所有者的权利和义务对称的原则。

但在现实公司治理实践中，存在着大量的机制和途径使部分股东决策权力和责任承担能力并不匹配。一个典型例子是借助企业集团金字塔式结构实现的控制权与现金流权的分离，参见本书第1章第1节。由此导致金字塔顶端的大股东对处于底端的外部分散股东的隧道挖掘行为。这是由股东之间利益冲突引起的典型的代理成本之一。

如同形成金字塔式结构的企业集团一样，拥有高于持股比例的董事委派比例同样是实现控制权与现金流权分离的重要实现机制之一。例如，在2016年11月发生董事会更迭事件的南玻A由9位董事组成董事会。其中，除了3位独董，持股比例仅25.77%的宝能系却委派了6位内部董事中的3位，占全部内部董事的50%。把较大比例（甚至100%）的决策权交给这些并没有相应的责任承担能力（例如持股仅25.77%）的出资者并不符合投资者成为股东的初衷，同时也违背了上市公司当初向出资入股的投资者做出享有公司所有者权利的承诺。上述权力和责任的不对称在一定程度上同样是南玻A所谓“血洗”董事会事件发生的潜在诱因之一。

回到对于公司章程修改议案股东大会未通过的现象。在一些希望通过变更公司治理结构来阻止“野蛮人”入侵的案例中，修改的公司章程拟授权董事会对股东提案进行预先排除、对股东召集股东大会的请求不予配合，甚至授权董事会不承认股东大会决议，并允许就此提起诉讼等。这使得原本应该由股东作为企业所有者和最后责任人所享有的剩余控制权被董事会这一代理机构越俎代庖。因而，上述公司股东大会的公司章程修改议案由于违反权力与责任相对应原则而遭到股东的反对，这一结果并不令人感到惊诧。

有趣的是，如果观察修改公司章程议案股东大会表决相关公告的市场反应，我们不难发现：那些违反上述权力与责任相对应原则的公司章程修改如果没有通过，市场反应显著为正；而那些违反上述原则的章程修改即使由于这样或那样的原因通过，市场反应反而显著为负。当追求投资回报最大化的投资者面对未来可能导致隧道挖掘行为发生的公司章程修改，股东因为担心利益受到损害会投反对票，甚至会“以脚投票”；出于同样的原因，原本有意持有该股票的潜在投资者则纷纷改变主意，导致该股票的需求急剧减少。上述两个因素的叠加使得在剔除市场平均收益后反映该股票个体收益的累计非正常收益显著为负。市场反应从另外一个角度揭示了一些公司章程修改议案没有通过背后的原因。

实际上，股东大会讨论的议案并非每次都能通过是常见的现象。这就如同在董事会表决中总有一些议案被董事说“不”，甚至被否决。而董事说“不”甚至被一些研究认为是董事履行监督职能的重要实现途径。对于没有通过的议案，上市公司控股股东和董事会需要更多从议案本身是否违反了权力与责任相对应原则来重新审查议案的合理性和正当性。在经过必要的修改和调整后，如果董事会认为重要而且必要，公司章程修改议案可以重新提交股东大会审议。一个典型的例子是，根据

2016 年 12 月 28 日廊坊发展的公告，曾于 2016 年 8 月 10 日在股东大会上被否决的章程修改议案在董事会上再次审议时通过，将提交 2017 年第一次临时股东大会审议。当然，股东大会最终是否通过仍然很大程度上取决于是否满足权力与责任相对应原则。

第 7 节

如何保障在子公司参股的其他资本的权益?

除了中国联通等少数案例以上市公司主体作为混改平台，目前更多见的是在附属公司层面通过吸引社会资本组成控股子公司方式开展的混改。中航集团公司下属的航空货运物流公司的混改如此，中粮集团旗下金融板块专业化公司中粮资本的混改也如此。这些混改实现形式的选择包含以下现实合理性：其一，子公司的设立或把原来分公司改造成子公司为其他资本的进入从而为国有资本与民营资本的“混合”提供物理平台；其二，子公司的设立或把原来分公司改造成子公司有助于实现国资管理体制从原来“管企业”到“管资本”监管理念的转变；其三，国资可以通过在子公司中引入其他资本方式有序调整产业布局，将有限的资本集中到主营业务上来。

然而，从目前一些国企推行的混改实践看，出现了一些值得关注的现象。例如，一些企业把出于人情和压力的资本资金进入理解为混改的完成，为了混改而混改；而一些企业用子公司代替分公司，在子公司层面引入了董事会等公司治理制度就认为实现了从“管企业”到“管资产”的转变。上述现象的存在一定程度上表明，当前国企混改就如何在子公司层面建立和完善相应的公司治理制度安排以确实保障在子公司参股的其他资本的权益，还存在一定的认识误区。

在讨论以组建子公司方式实现混改可能存在的认识误区之前，我们有必要了解分公司和子公司在组织构架设计中的差别。通常而言，类似于事业部的分公司关注的是公司总部发布的经营任务的执行，因而其设置所遵循的原则是是否有助于提高经营管理的效率。在组织形式上，分公司并不具有独立的法人资格，当然也不需要设立董事会、监事会等公司治理结构。分公司的总经理只需要严格执行公司总部下达的经营任务即可，因而与公司总部的物理连接链条是特定的经营管理活动。

不同于分公司，子公司业务开展所需的资本不仅来自母公司的投资，还可能来自其他资本，由二者共同出资组成股份有限公司。我们以宝能举牌前的万科为例，第一大股东华润是上市公司万科的集团母公司，万科则是华润控股的子公司。因而子公司与母公司的物理连接链条是资本链条。其设定的基本原则是是否有利于投资管理效率的提高。作为独立法人，子公司需要设立股东大会、董事会和监事会等公司治理结构，来保护母公司以及其他资本的股东权益。

我们把子公司和分公司在设定原则、与上级公司物理连接链条、是否具有独立法人资格等方面的差异总结为表 4－2。

表 4－2　子公司和分公司职能设定的差异

	分公司	子公司
设定原则	经营活动的效率	投资管理的效率
与上级公司物理连接链条	特定的经营管理活动	资本链条
是否具有独立法人资格	否	是
是否设立董事会等公司治理结构	否	是
公司治理的权威	公司总部	子公司的股东大会和授权的董事会

由于在上述设定原则等方面的差异，我们看到，在分公司与子公司中公司治理的权威是不同的。作为事业部式的下属机构，分公司的主要使命是完成公司总部直接分配的特定经营管理任务。因而在分公司，公司治理的权威是公司总部。这意味着分公司包括总经理在内的主要管理团队成员来自总公司的直接任命。而对于子公司，由于业务活动开展所需的资本有时并非完全来自母公司（一个例外是全资子公司），也来自其他社会资本，因而如何保护全体股东的权益，提高投资管理效率成为子公司重要的设定原则。按照哈特所发展的现代产权理论，股东之所以愿意投资现代股份公司，恰恰是由于现代股份公司向

外部投资者做出了股东将成为公司所有者，对公司重大事项拥有最后裁决权的庄重承诺。这集中体现在股东有权对包括资产重组、高管更迭和经营战略调整等重要事项以股东大会表决方式进行最后裁决。因而在子公司，公司治理权威并非母公司，而是子公司的股东大会及其授权的董事会。形成上述公司治理权威的理由是，上级母公司只是出资者之一，公司应该保护全体而非部分股东的权益。由此决定了母公司的管理意图只能基于资本这一物理连接链条，通过股东大会和董事会组织等公司治理平台来实现。

在了解了分公司与子公司在设立原则以及公司治理权威方面的差异后，我们对目前国企混改实践中在如何保障子公司参股的其他资本的权益等方面存在的认识误区进行评价。

第一，一些企业在混改方案提出前对待改革项目究竟是面临提高经营管理效率问题，还是面临融资约束问题，没有遵循子公司和分公司设定原则认真加以辨别。一些企业看似为了混改而混改，在一些项目机械地引入其他资本，并组建了子公司及相应的董事会、监事会等公司治理结构。容易理解，董事会、监事会等公司治理基本制度建设和维护需要不断付出成本。这样做的结果可能反而进一步损害了对于一些国企项目成功而言更为重要的经营管理效率的提高。

第二，对于那些建立子公司的项目，在引入其他资本后，母公司忽视子公司的基本公司治理制度建设，仍然把子公司当作分公司去管理。这集中体现在以下两个方面。其一，在子公司董事会和主要管理团队任免上大包大揽，不是通过与其他股东协商或按照出资比例推荐董事，并通过股东大会表决产生。一些公司对于子公司董事会的组建并非出于董事会监督和咨询职能履行的需要从职业经理人市场中遴选，而是简单责成母公司计财、资产管理等相关职能部门强行委派，组成形似而神不具的董事会。兼职性质的董事一方面无权做出实际决策，一方面却要承担相应董事履职风险，一时间造成子公司董事人选难产。其二，集团公司的行政命令直接代替子公司股东大会及其授权的董事会决策效力，子公司股东大会及其授权的董事会的公司治理权威性被削弱，其他社会资本的权益得不到有效保障。可以想见，由于上述两方面的原因，即使在子公司层面设立了董事会、监事会等公司治理制度，预期的投资管理效率也很难有实质性提高和改善。

第三，其他资本迫于情面或者压力短期进入，却等待时机全身而退，使得看起来已经实现的混改不可持续，后继乏力。

上述种种现象背后的核心问题是，一些企业出于管理惯性思维，没有完全从以行政命令方式来管控企业的分公司管理思维模式中走出来，尚未适应和完成从“管企业”到“管资本”的子公司资本运营模式的转变。由于其他资本的合法权益得不到有效保障，上述做法的消极后果是，不仅会损害已经参与混改的其他资本持续关注企业发展、完善公司治理结构的信心，而且会极大地挫伤那些尚在观望的战略投资者未来参与混改的积极性。

那么，怎样才能使战略投资者心甘情愿参与一些国企推出的子公司层面的混改呢？

第一，需要在子公司层面建立和完善股东大会、董事会和监事会等公司治理结构，使子公司股东大会及其授权的董事会，而不是母公司成为公司治理的权威，以确实保障全体股东的权益。未来也许可以从以下几个方面来加以完善。其一，董事、监事应该按照股东持股比例推荐，并经股东大会表决产生，而非目前一些企业自上而下由母公司简单任命了事。为了保护中小股东的利益，在选举董事时可以采用累积投票制。其二，引入一定比例的利益中性的独立的外部董事。其三，涉及子公司经营战略调整等的重大事项决策需要董事会酝酿讨论，最终由股东大会表决生效。其四，子公司的管理团队向子公司的董事会负责，并严格执行董事会做出的重大经营管理决策。其五，母公司的经营管理意图要通过提出议案与其他股东协商，最终以股东大会以及授权的董事会的决议来落实体现。

第二，在股权结构设定上，要根据项目性质和国资产业布局调整思路灵活选择，并非一定要控股。在云南白药混改中，云南国资委和新华都集团各自持有白药控股 50% 的股权，赢得了各界的好评，并被称为国企混改的“白药模式”。平分股权，甚至不控股，恰恰可以很好地表达国资引入民营资本的可置信承诺和制度诚意。对于一些并不具战略意义的竞争性产业，甚至可以考虑把国资转为优先股，一方面向社会明确传递希望民营资本深度参与公司治理的信号；另一方面则可以通过股利的优先分配更好地实现国资保值增值的目的。

只有确实在子公司层面建立和完善有效保护全体股东权益的公司治理制度，同时通过灵活多样的股权结构选择和安排向民营资本传递出愿意混改的可置信承诺和制度诚意，民营资本才有动力实质参与混改，以真正实现我国国企监管从“管企业”到“管资本”的监管理念和实践的转变。

5 CHAPTER

第5章

国有资产管理体制改革

国企改革目前是在两个层面平行展开。除了在实体层面通过股权结构所有制的混合，新一轮国企改革还体现在在国有资产管理体制层面通过改组和新建国有资本投资运营公司的政府和市场之间的界面完成国有资产管理体制从“管企业”到“管资本”的监管职能转变。

2018 年以来出现的上市公司控制权转移趋于活跃，一方面与当年经济下行、股价低迷、资金紧张的状况有关，另一方面在一定程度上仍然是我国资本市场进入分散股权时代并购活跃趋势延续的反映，甚至是两种因素的叠加。尽管被一些媒体解读为“新一轮国进民退”，但与 2008 年前后在一些省份推行的国企收购同行业民企的那一轮“国进民退”相比，由于是借助资本市场实现的控制权性质从民营资本到国有资本的转变，其负面效应要小得多。

2019 年 6 月初，作为推进国企混改的重要举措，国务院国资委印发了《国务院国资委授权放权清单（2019 年版）》。对于授权放权如何避免重新陷入以往“一放就乱，一管就死”的怪圈，解决办法是把放权与混改结合起来。一方面，通过清单印发赋予央企作为“管资本”的实际责任人原本属于股东的权力，更好地体现现代企业制度的权力责任匹配、信息对称、专业化分工等基本原则。另一方面，通过引入民营资本背景的战略投资者进行混改，形成对央企作为主要股东的权力制衡和纠错力量，由此避免再次陷入以往“一放就乱，一管就死”的怪圈。

第1节

探索中的国有资产管理体制改革

国企改革目前是在两个层面平行展开的。其一是在国有资产管理体制改革上，通过国有资产的资本化，实现从“管企业”到“管资本”的监管职能转变。其二是在作为经营实体的国企层面，通过引入战略投资者，实现所有制的混合，改善公司治理，建立现代企业制度。

在国有资产管理体制上，从原来国资委“管人管事管企业”到通过设立作为政府和市场之间的界面的投资运营机构和对原国有企业的公司制改造，实现国有资产的资本化。国务院发展研究中心原党组书记、副主任陈清泰指出，所谓“管资本”就是改革经营性国有资产的实现形式，由实物形态的国有企业专项价值形态转为可以用财务语言清晰界定、有良好流动性、可以进入市场运作的国有资本。按照陈清泰的预想，在国有资本投资运营机构代替实体企业成为国资委新的监管对象后，经过国有投资运营机构的隔离，国资委与实体企业不再有直接产权关系，也无权跨过投资运营机构干预其投资的公司，政企分开顺理成章。

2016 年国资委开始在国投、中粮、神华、宝武、五矿、招商局、中交、保利等 8 家企业进行试点，把诸如资产配置、薪酬分配、市场化用人、体制改革等 18 项原属国资委的权力下放到国有资本投资运营公司。与此同时，确定中国诚通和中国国新 2 家公司试点国有资本运营公司。

与尚处于试点阶段的央企国有资产管理体制变革相比，山西、天津等地的相关实践改革路径更为清晰。我们以天津为例。天津按行业大类先后成立津联（对应制造业）、津诚（对应非制造业）和国兴（对应高新产业）三家国有资本投资运营公司。例如，天津市国资委于 2017 年 7 月设立注册资本为 120 亿元人民币的国有独资公司天津津诚国有资本投资运营有限公司，负责非制造业国有企业“国有资产的资本化”后的投资和运营。2018 年 4 月 19 日，天津市国资委决定将所持有的天房集团等 100% 股权按照经备案的评估值注入天津津诚国有资本投资运营有限公司。经过上述机构设立和资产处置，理论上，对于天津市国资委，未来将以津联、津诚和国兴等国有资本投资运营公司作为国资监管对象，与经营实体天房集团等不具有直接的产权关系，从而实现从以往“管人管事管资本”向“管资本”的转变；对于津诚国有资本投资运营有限公司，它将与通过混改引入天房集团的战略投资者，共同以股东的身份参与相关的公司治理；对于天房集团，则通过公司制改造实现国有资产的资本化，在多元股东和利益相关者的权益制衡下，通过股东大会和董事会来实现有效公司治理，形成现代企业制度。

在2018年年底召开的中央经济工作会议上，中央明确提出坚持政企分开、政资分开和公平竞争原则，加快实现从“管企业”向“管资本”转变，改组成立一批国有资本投资公司，组建一批国有资本运营公司，积极推进混合所有制改革。可以预见，通过组建国有资本投资运营公司以实现从以往“管人管事管企业”向“管资本”转变的国有资产管理体制的改革将成为2019年国企改革推进的重点工作。

理论上，通过设立投资运营机构将国资委与实体企业隔离，二者不再有直接产权关系，正如陈清泰所言，国资委无权跨过投资运营机构干预其投资的公司，政企分开顺理成章。以往国资管理体制“管人管事管企业”、政企不分的状况会得到一定程度的抑制。

然而，上述在国资委和经营实体之间引入国有资本投资运营公司做法的一个潜在问题是，原本已经很长的国资管理委托代理链条进一步延长了。如果说原来国资委是通过全资控股的控股集团公司间接持有上市子公司的股票，现在是国资委首先全资控股国有资本投资运营公司，投资运营公司再持股原来的控股集团公司，然后由控股集团公司持股上市子公司。这样，国资管理委托代理链条从原来的至少三级变为目前的至少四级。

而委托代理链条延长以及由此引发的所有者缺位问题作为国企的典型弊端长期为人所诟病。此外，同样作为经营实体的控股集团公司与所持股上市子公司的同业竞争问题得不到解决，引发资本市场和监管当局对未来二者之间关联交易发生可能性增加的担心。

这事实上构成国资管理体制改革深化面临的两难选择：为了实现从“管人管事管企业”向“管资本”的转化需要引入投资运营公司，而引入投资运营公司则势必将延长委托代理链条。

那么，如何才能实现国资管理体制从“管企业”实现向“管资本”的有效转变呢？

2018 年 12 月 12 日，云南白药发布《吸收合并云南白药控股有限公司暨关联交易报告书（草案）》。云南白药吸收合并控股母公司白药控股，实现整体上市。按照公告，双方确保交易完成后云南省国资委和新华都的持股比例一致，延续了白药控股前次混改中国资和民资并列第一大股东的基本原则。云南白药的相关实践由此为经营实体（例如白药控股）如何借助所控股的上市公司实现整体上市完成混改积累了宝贵的经验。

不仅如此，它同时也为国有资产管理体制如何有效缩短金字塔式控股结构链条带来启发。在云南白药吸收合并控股母公司白药控股实现整体上市后，云南白药金字塔式控股结构链条从原来的“云南国资委—白药控股（控股集团公司）—云南白药（上市公司）”三级变为目前的“云南国资委—云南白药”两级，金字塔式控股结构链条缩短了。这为云南白药未来减少管理层级、降低治理成本和提高经营效率带来新的契机。而经过吸收合并控股母公司白药控股，长期困扰国有上市公司的上市子公司和控股集团公司的同业竞争问题迎刃而解。

按照国资委的数据，截至2018年上半年，中央企业控股的境内外上市公司共有398家，国资中有65.2%的总资产和61.7%的净资产已经进入上市公司。因而借助所控股的上市公司，控股集团公司进行整体上市，以解决委托代理链条延长和同业竞争的问题至少在央企层面有一定的可行性。

从云南白药混改目前完成的阶段来看，与新华都一起控股云南白药的控股股东依然是云南省国资委，在国资委和经营实体云南白药之间缺乏政府和市场之间的界面或政府与企业间隔离层。而按照天津国资管理体制改革的经验，这似乎并不利于国有资产管理体制从“管人管事管企业”向“管资本”转变。

把天津市国有资产管理体制改革的思路和云南白药吸收合并控股公司整体上市的思路结合起来或能解决目前国企混改面临的难题。一方面，借鉴云南白药模式完成控股集团公司的混改和缩短委托代理链条；另一方面借鉴天津市国有资产管理体制混改实践，通过组建国有资本投资运营公司实现国有资产管理体制从“管人管事管企业”向“管资本”的转变。

第2节

如何使投资运营公司成为政府与企业间的隔离层？

2018年年底的中央经济工作会议提出坚持政企分开、政资分开和公平竞争原则，加快实现从“管企业”向“管资本”转变，改组成立一批国有资本投资公司，组建一批国有资本运营公司，积极推进混合所有制改革。改组和新设国有资本投资运营公司以实现从以往“管人管事管企业”向“管资本”转变的国有资产管理体制改革无疑将成为2019年国企改革推进的重点。

理论上，通过设立国有资本投资运营机构将国资委与实体企业隔离，二者不再有直接产权关系，（国资委）也无权跨过投资运营机构干预其投资的公司，政企分开顺理成章，以往国有资产管理体制“管人管事管企业”、政企不分、政资不分的状况由此得到一定程度的抑制。因而，改组或新设国有资本投资运营公司作为政府和市场之间的界面或政府与企业间的隔离层成为在新一轮国企混改中无论中央还是地方国有资产管理体制改革的普遍做法。

2018 年年底，国资委进一步确定航空工业集团、国家电投等 11 家央企作为国有资本投资公司新的试点企业。到目前为止，在 96 家央企中，3 批近 20 家试点改组成立国有资本投资公司。除了改组成立国有资本投资公司，2014 年国资委还确定中国诚通、中国国新 2 家公司试点国有资本运营公司。

那么，如何才能使国有资本投资运营公司真正成为政府与企业间的隔离层呢？我们认为，从目前的相关政策解读和有限试点实践来看，以下几个方面的问题值得理论界、实务界和政策界关注和思考。

第一，如何在改组新设国有资本投资运营公司和避免国资管理体系委托代理链条过长问题二者之间实现平衡？

委托代理链条过长以及由此引发的所有者缺位问题作为国企的典型弊端长期为人所诟病（参见本书第 1 章第 1 节的内容），以至于一些学者借用弗里德曼“花别人的钱办别人的事，既不讲节约也不讲效率”的形象说法来评价委托代理链条长和所有者缺位下的国有企业，以区别于盈利动机明确“花自己的钱办自己的事，既讲效率又讲节约”的民营企业。

目前国有资产管理体制改革中普遍采用的通过改组新设国有资本投资运营公司形成政府与企业间隔离层的做法势必进一步延伸已经很长的委托代理链条。

除此之外，同样作为经营实体的控股集团公司与所控股或持股上市子公司的同业竞争问题迟迟得不到解决，引发资本市场和监管当局对未来二者之间关联交易发生可能性增加的担心。

因此，如何在改组新设国有资本投资运营公司以形成政府与企业间隔离层和避免国有资产管理体制中委托代理链条过长问题二者之间实现平衡在国有资产管理体制改革实践中变得十分重要。

第二，如何实现在经营实体层面混改引入战略投资者后投资者对权利平等的诉求与把控股集团公司改组为国有资本投资公司后控制权的谋求二者之间的平衡？

在引入战略投资者完成经营实体层面的混改后，原来国有控股的经营实体将在一定程度上转变为资本社会化下的公众公司。而民营资本之所以愿意参与混改成为战略投资者，是由于国企混改向民营资本做出享有所有者权益的承诺使其一定程度上变得激励相容。而这一承诺可置信的制度基础或者是像天津北方信托模式一样由民营资本直接取得实际控股地位，或者是像中国联通模式一样，股权结构上国有资本占优，但在董事会组织中战略投资者占优（参见本书第 3 章第 6 节）。

因而，在完成混改后经营实体层面基本公司治理构架是在作为国有资本投资运营公司与主要战略投资者之间的平等协商。此时国有资本投资运营公司作为股东，平等地与其他战略投资者以及其他外部分散股东一道参与相关的公司治理。例如，对于基础战略性产业，按照与其他股东的约定，国有资本投资运营公司享有董事（长）的提名权，但最终是否获得任命需要与其他战略投资者以及其他分散股东在股东大会上按照一股一票来表决通过。笔者注意到，一些媒体在围绕新一轮国资改革的政策预测中，强调将国有资产监管机构行使的投资计划、部分产权管理和重大事项决策等出资人权利“授权”给国有资本投资、运营公司和其他直接监管的企业行使。

通过上面的例子，我们看到，这里显然不是通过简单授权，由改组后的国有资本投资运营公司履行原来国资委的职责，享有董事长的直接任命权的问题。因此，在笔者看来，为了真正实现国有资产保值增值的混改目的，新一轮国资改革仅仅停留在授权体系的完善的认识是不够的，而是应该回归对其他战略投资者和分散股东作为出资者基本权利的认同与尊重，因为这本来就是投资者以出资额为限承担有限责任后应该享有的基本权利。我们需要的是从原来高高在上的发号施令者回归到一个同股同权的平等协商者。

事实上，从 20 世纪 90 年代中期开始，为了推进政企分开，建立现代企业制度，中国陆续撤掉条块分割、政企不分、计划经济色彩浓厚的专业部委，组建市场化的集团公司。例如，1993 年撤销航空航天工业部，分别设立中国航空工业第一、第二集团公司。在 2003 年国资委成立后，由国资委作为国务院的代理机构全资控股这些国有独资集团公司。例如，2008 年 11 月 6 日原中国航空工业第一、第二集团公司重组整合成立中国航空工业集团，成为由国资委全资控股的国有特大型企业集团。中国航空工业集团陆续控股或持股中航资本、中航地产、飞亚达A、深天马A、天虹商场等20多家上市公司，成为今天在中国资本市场颇具声势的中航系。我们看到，从专业部委到市场化的集团公司，再到国资委代表国务院履行出资人角色，国企改革经历了从政府行政体系的延续向基于资本纽带的市场主体的转变。

然而，时至今日我们依然需要推进混合所有制改革，根本原因是以往虽然建立了资本连接的链条，但实践中仍是“管人管事管企业”，延续的是之前行政色彩浓厚的计划经济思维，没有做到“政企分开”和“政资分开”，经营权与所有权没能有效分离，职业经理人无法根据瞬息万变的市场及时灵活调整经营管理决策。

一些媒体预测，把目前的控股集团公司改组为国有资本投资公司后，一是可以通过证券交易、产权交易等资本市场，以市场公允价格处置企业资产，实现国有资本形态转换；二是可以以高新技术、生态环保、战略性产业为重点领域，对发展潜力大、成长性强的非国有企业进行股权投资；三是在国际市场，有利于发挥国际合作优势和品牌优势，积极灵活地开展国际资本市场运作，形成全球范围内产融结合新优势。我们看到，这些职能在目前的控股集团公司层面同样可以完成，似乎并不需要通过国企混改的理由而换上国有资本投资公司的牌子。

据媒体报道，某控股集团公司正在努力搭建三级管控架构，推动集团总部由职能运营型向战略管控型转变。具体措施包括：总部对成员单位采用战略运营型管控方式，业务单元（成员单位）成为区域化业务板块的运营管控主体；集团总部与二级单位之间探索建立产业主体分类授权的战略管控体系，在二级单位与三级单位之间探索建立以运营管控为主的次级管控体系，努力形成“集团总部资本层—专业平台资产层—生产单位执行层”的三级架构。上述控股集团公司所开展的仅仅是围绕企业集团内部组织重构以提高运行管理效率为目的的综合性改革。这一内部管理问题在企业集团发展的任何阶段都需要解决，而且过去一直在做。例如生产铁路机车的两个国企南车和北车一度为了避免垄断分立，又为了提高国际竞争力合并为中车。但这似乎并非本轮为实现引入民资背景战略投资者、实现国企混改的核心和实质所在，当然不是本轮国企改革最期许的。

从本轮国资混改的目的出发，我们需要的是对出资者基本权利认同与尊重的回归，将属于投资者的权利归还给投资者，让无论是参与混改的民资背景的战略投资者，还是代表国资履行出资者义务的国有资本投资公司，更像一个投资者去履行自己“管资本”的义务，承担自己应该承担的责任；而不是由部分股东越俎代庖，忽视其他股东的存在，“管人管事管企业”。从这一角度来说，如果仅仅把原来的控股集团公司简单包装和改组为国有资本投资公司显然不是市场对以实现从“管人管事管企业”向“管资本”转变为目的的新一轮国企混改的实质期待所在。

在一些媒体围绕国有资产管理体制改革的报道中，出现了在未来的国有资本投资公司试点改革过程中，还将支持投资运营公司设立财务公司的说法。例如，“规范财务公司运作，鼓励其利用内部资金开展资本运作，提升资本运营能力，防范各类风险。允许投资公司依据自身条件，结合主业特点和行业监管要求，合理申请金融牌照，更好地服务实体经济。但是也要强调，不能脱离主业搞金融，更不能搞资金空转套利”。我们知道，财务公司作为内部资本市场，一定程度上是不发达早期资本市场的替代，在一些企业集团中已经存在几十年了。近年来由于内部资本市场限制了资本在全社会更广的范围内流通和相对低下的资源配置效率而广受批评。如果把成立财务公司也认为是新一轮国资改革的重要举措不免令人啼笑皆非。更何况一旦成立财务公司，情况并不是我们一厢情愿地说一说“不能脱离主业搞金融，更不能搞资金空转套利”就能加以控制的。

第三，在新一轮国有资产管理体制改革中，被认为扮演关键角色的需要重组的国有资本投资公司和新设的国有资本运营公司二者之间究竟是什么关系？

相信前面的讨论已使读者对正在由原来的控股集团公司重组为国有资本投资公司的目前基本状态和未来可能构架形成大致的认识。除了试点改组一批国有资本投资公司，2014 年国资委确定中国诚通、中国国新 2 家公司试点国有资本运营公司。那么，这些国有资本运营公司将在国有资产管理体制改革中扮演怎样的角色呢？

根据相关媒体的报道，中国诚通、中国国新“在基金的成功发起和实际运作上，把中央企业、地方企业、金融企业和社会资本等各方资金集聚起来，为央企结构调整和转型升级提供了融资新渠道和投资新机制，在助力供给侧改革，引领‘一带一路’发展，推动国企改革，帮助困难企业脱困等领域均发挥了积极作用”。

国有资本投资公司和国有资本运营公司这两类公司都被媒体描述为：是国家授权经营国有资本的公司制企业，是国有资本市场化运作的专业平台，对所出资企业行使股东职责，按照责权对应原则切实承担起国有资产保值增值责任；两类公司的试点企业同时面临着理顺与国资委、出资企业关系的重要挑战。如果说二者的共同点在媒体的表述中还算清晰，那么，二者的差异则有些语焉不详、模棱两可。在具体使命和职能上，国有资本投资公司是以投资融资和项目建设为主，通过投资实业拥有股权；国有资本运营公司则以资本运营为主，不投资实业，主要战场是资本市场。在运营模式上，国有资本投资公司主要以服务国家战略、优化国有资本布局、提升产业竞争力为目标，在关系国家安全、国民经济命脉的重要行业和关键领域，以对战略性核心业务控股为主；国有资本运营公司主要以提升国有资本运营效率、提高国有资本回报为目标，以财务性持股为主。

这是否意味着未来每一家完成混改的公司除了引入的民资战略投资者外，还会同时出现两家国有资本投资运营公司作为股东呢？其中一家是由原来控股集团公司改组而成的国有资本投资公司，另一家是中国诚通、中国国新或其他新成立的国有资本运营公司。至少从目前已经完成混改的中国联通来看，确实如此。除在引入BATJ后仍然持股约36.67%的控股集团公司联通集团外，在中国联通的股东名单中出现了国有资本运营公司中国诚通旗下的中国国有企业结构调整基金。

问题是，国有资本运营公司所设定的“提升国有资本运营效率、提高国有资本回报”的目标为什么不可以由国有资本投资公司来实施？反过来，国有资本投资公司所设定的“服务国家战略、优化国有资本布局、提升产业竞争力”的目标为什么不可以由国有资本运营公司来实施？如果国有资本运营公司作为财务投资者存在的价值在于加强国有资本控制的战略同盟军，事实上资本市场还存在险资等其他国有资本，为什么必须要同样来自国有资本的国有资本运营公司来完成这一使命呢？例如，在中国联通混改案例中，同样来自国有资本的中国人寿持股10%，成为联通混改引入的最大战略投资者。而作为财务投资者的国有资本运营公司如果不参与董事会组织等公司治理制度又将如何实现“提升国有资本运营效率、提高国有资本回报”的目的？如果国有资本运营公司参与公司治理，我们将看到，同样来自国有资本的国有资本投资公司和运营公司围绕董事会组织等将付出双倍的公司治理制度建设成本。至少从形式上看，目前二者的明显区别仅仅在于，国有资本投资公司是从早先专业部委转型而来的原控股集团公司进一步改组为国有资本公司后形成的战略投资者，而国有资本运营公司则是由国有资产管理体制改革实际实施者国资委新设的财务投资者。

当然，目前仍处于试点阶段这一状况一定程度上表明，对于二者的关系，无论政策界还是理论界都没有形成相对成熟的判断和结论。相关媒体的解读提及尽快探索、界定国有资产监管机构与国有资本投资运营公司之间的权责边界，国有资本投资运营公司与所持股企业的权责边界。我们认为，尽管国有资本运营公司和投资公司二者关系有待进一步明确，但二者共同作为政府与企业间的“隔离层”，在国有资产管理体系中的整体定位应该是明晰的。那就是，在整个国有资产监管系统中形成三层授权框架，国资委统一履行经营性国有资产监管职能，由国有资本投资运营公司履行出资人职责，企业则是经营者。

第四，中国国资国企改革模式在向谁学习？究竟应该学习什么？

2019 年年初，在航空工业集团、国家电投、国机集团、中铝集团等 11 家央企被新纳入国有资本投资公司试点后，在 96 家央企中有近 20 家试点改组成立国有资本投资公司。尽管相关人员多次否认中国国资国企改革在向新加坡淡马锡模式学习，但以国有资本投资运营公司作为政府与企业间“隔离层”的新一轮国资改革的试点扩大还是给很多国企改革观察者留下了淡马锡模式在中国国资改革中呼之欲出的印象。正如前面分析所指出的，找出所谓中国模式和淡马锡模式之间的差别其实并不难。例如，为打造政府与企业间的“隔离层”，我们同时在国资委和营运实体之间改组或新设国有资本投资和运营两类公司，而不是淡马锡模式的一类公司（如果我们可以把这些也称为差别）；目前，中国国有资本投资公司从以往脱胎于专业部委的控股集团公司改组而来，往往主业相对清晰，而淡马锡模式则强调混业和多元化，乃至于一个淡马锡公司管理的子公司市值加起来一度超过整个新加坡企业市值的一半。

很多观察家之所以形成上述印象，仍然在于中国目前国有资产管理体制改革在政府与企业间引入“隔离层”的做法和淡马锡严格坚守政企分开、政资分开，使经营实体的经营权与所有权有效分开在精神上是高度一致的。事实上，所有权与经营权分离所带来的资本社会化与经理人职业化之间的专业化分工和在此基础上实现的效率改善才是所有企业治理结构成功的关键。因此，从这一意义上，不存在所谓的淡马锡模式，当然更不存在中国模式，只存在专业化分工模式。

毫无疑问，淡马锡模式依然有很多值得中国国资国企改革学习的地方。例如，淡马锡董事会围绕如何避免全资控股股东新加坡财政部的行政干预进行了哪些卓有成效的制度安排？而淡马锡在所持股或控股的经营实体中又是通过怎样的公司治理制度安排（股东会和董事会）来确保经营决策体现主要股东的意志，并且决策风险由所有股东分担？

需要再次强调，这个问题显然不是通过管理层级之间的简单授权就可以解决的，而是需要在通过混改引入的战略投资者之间形成相互制衡的公司治理制度安排和平等协商沟通的文化氛围，以期实现双方长期合作共赢。

一个不容回避的事实是，如果像一些媒体解读的那样，只是把经营权“授权”给经营实体，而把公司治理中最重要的董事长任免权依然保留在持股比例或高或低的国有资本投资公司中（在正常的公司治理实践中，只是董事的提名权），那么，由于该董事长的贪腐无能、刚愎自用做出了错误决策，又该由谁来承担相应后果呢？是具有上述任免权和做出上述任免决策的国有资本投资公司吗？如果预期到一方面无法对董事长任免提出异议乃至否决，而另一方面却不得不以出资额为限为该董事长做出的错误决策买单，那战略投资者还愿意毫无保留地参与目前正在积极推进的国企混改吗？

第 3 节

上市公司第一大股东性质的转变有那么重要吗？

时至今日，险资举牌在中国资本市场从 2015 年开始掀起的阵阵腥风血雨依然让人心有余悸。险资举牌带来的可直接观察到的变化之一是，中国一些上市公司第一大股东的性质发生改变，原来第一大股东是国有资本，现在第一大股东为民营资本。这为我们观察第一大股东性质转变带来的相关公司治理效应提供了难得的研究场景。

我们首先看宝能系从 2015 年开始举牌的万科。在宝能系举牌之前，国资背景的华润是万科的第一大股东。经过多次举牌和拉锯，截至 2016 年年底，民资背景的宝能系钜盛华及其一致行动人合计持有万科 A 股股份约 28.04 亿股，占比 25.40%，成为万科第一大股东。2017 年 1 月从华润手中受让股份、持股 15.31% 的地方国企背景的深圳地铁成为万科第二大股东。按照实践通常采用的对第一大股东性质的界定标准，这意味着万科第一大股东的性质已经从国资转为民资。

我们再看同样是由宝能系通过举牌成为第一大股东的南玻A。长期以来，国资背景的中国北方工业公司一直是南玻 A 的第一大股东，但由于缺乏实际控制人，从 2015 年开始，宝能系旗下前海人寿及其一致行动人通过二级市场增持成为南玻 A 第一大股东。这意味着通过在二级市场增持，又一家上市公司原第一大股东性质从国有转变为非国有。我们看到，以往花大力气开展的国企改制通过在二级市场举牌轻松地实现了。

事实上，统计表明，从 1998 年到 2016 年，上市公司发生第一大股东性质变更的共计 2 139 家次。其中通过二级市场股份增减实现的第一大股东变更共有 186 家次。特别地，从 2014 年以来，平均每年有 37 家公司通过二级市场增减实现第一大股东性质的变更。

这一陡然提高的频率与同期险资开始进入资本市场频频举牌不无关系。在所有这些第一大股东变更中，既有第一大股东相同性质之间的转化（例如，原来的第一大股东是国有，变更后第一大股东依然是国有；或者原来的第一大股东是非国有，变更后第一大股东依然是非国有），也有第一大股东不同性质之间的转化（例如，原来的第一大股东是国有，变更后第一大股东变为非国有；或者原来的第一大股东是非国有，变更后第一大股东变为国有）。如果我们考察在公司治理理论和实践中更为关注的实际控制人性质的变更情况，从开始有相关统计数据的2003年到2016年，资本市场共发生了2 558起实际控制人变更，其中实际控制人从国有性质转为非国有性质共628家，占全部变更的25%。

第一大股东的性质从国资到非国资转变在中国经济生活中是十分重要的事件。问题是第一大股东或者实际控制人的性质从国资转变为非国资真的那么重要吗?

对于这一问题，可从以下几个方面加以理解。

第一，第一大股东的性质重要与否取决于是否具有制衡的公司治理构建和完备的治理环境。现代股份公司通过资本社会化使风险在全社会范围内分担的同时，实现了经理人的职业化，这使得现代股份公司建立在资本社会化与经理人职业化这一专业化分工深化的基础上，生产效率得到极大提高。虽然所有权和经营权的分离是引起经理人与股东之间代理冲突的原因，但与专业化分工深化带来的效率改善这一企业根本问题相比，代理问题仅仅是衍生出来的第二层次的问题，可以通过公司治理结构的合理设计和不断完善来加以缓解。

理论上，给定存在设计合理、功能完善的确保投资者按时收回投资并取得合理回报的治理机制，现代股份公司的权益融资来自哪个股东其实并不重要。这就如同给定现代商业银行成熟的经营管理模式、良好的市场声誉以及抵押担保等社会救济制度，没有人关心你手中的银行贷款具体是通过哪个储户的储蓄转变而来的。出于同样的理由，如果目前一家上市公司的治理结构是完备的，理论上我们并不需要担心这家公司的第一大股东是谁，也不需要关心第一大股东是不是国资性质。

让我们回到万科和南玻 A 案例。宝能系通过举牌分别成为万科和南玻 A 的第一大股东，使这两个企业第一大股东的性质发生了改变。我们看到，同样的第一大股东性质的转变，对于这两家公司的最终影响却截然不同。在南玻 A 由 9 位董事组成的董事会中，除了 3 位独立董事，持股比例仅 25.77% 的宝能系却委派了 6 位内部董事中的 3 位，占到全部内部董事的 50%。最终，在治理结构相对薄弱的南玻 A，宝能系“血洗”南玻 A 的董事会。然而，在治理结构相对完备的万科，宝能提出的召开临时股东大会罢免以王石为首的全体董事的议案并没有获得董事会支持。这在一定程度上印证了我们前面的观点：第一大股东持股比例，进而第一大股东的性质是否重要取决于是否具有制衡的公司治理构建和完备的治理环境。

第二，从上市那一刻起，股份公司不再是某个人的公司，而是公众公司。成为公众公司不仅意味着具有信息披露的义务，受到监管当局的严格监管，而且意味着通过持有股份分担风险，每个股东和其他股东的利益紧紧捆绑在一起。任何股东提出的议案要想获得通过，需要取得其他股东的支持。而要想获得其他股东的支持，该股东提出的议案在符合自身利益的同时还需要兼顾其他分散股东的利益。一个不符合其他股东利益的议案将不可避免地被否决，于是上市公司纷纷提出公司章程修改议案，希望以此引入反并购条款。然而，一些公司的相关议案在股东大会的表决中出人意料地未获得通过。其中一个重要原因是，相关改变公司治理结构的条款引起其他股东把重要的决策权交给没有相应责任承担能力的代理机构的担心。即使在一些持股比例较高的公司股东进行的相关章程修改中，虽然议案被通过，但市场对该公司公告的反应显著为负。这在一定程度上表明那些无法通过以手投票来阻止损害股东利益的议案通过的股东开始选择“以脚投票”。

有趣的是，近年来上市公司中小股东通过行使提案权提出新的议案和投票表决否决控股股东提出的议案发动的“小股民起义”事件频频上演。从 2010 年到 2015 年，至少 207 家上市公司发生了所谓的“小股民起义”事件。随着资本市场的日渐成熟，中小股东开始意识到通过行使自己所拥有的提案权、投票表决权等可以在一定程度上捍卫自己的权利，维护自己的利益。

第三，资本市场权利保护的事实改善和风险分担的意识加强使得原第一大股东倾向于选择股权分散的股权结构。历史上包括中国在内的很多欧洲和亚洲国家上市公司倾向于股权集中，恰恰是由于公司治理结构并不完善。为了减少经理人为谋取私人利益而损害股东利益的可能性，一些股东会选择相对集中的股权结构，这样便于通过行使投票权将损害股东利益的不称职的经理人及时辞退，以免形成经理人的盘踞。哈佛大学施莱弗教授领导的研究团队发现，在具有普通法法律传统和法律渊源的国家，由于能够向投资者权利提供更好的法律保护，并形成好的治理制度环境，在这些国家，股份公司的股权趋于分散。他们的理论很好地解释了为什么在英美等国公众公司的股权高度分散。

出于同样的道理，从原控股股东角度来看，经过多年的发展，资本市场不仅具备了一定的分散风险的功能，而且能够保护股东利益的各种内外部治理框架和法律体系初见端倪，把较大比例的股份集中在同一家公司并非其最优选择。在南玻 A 的案例中，原第一大股东中国北方工业公司在宝能成为第一大股东后，不仅没有做出增持的反应，甚至在宝能系“血洗”南玻 A 董事会事件发生前还在减持；在万科的案例中，原第一大股东华润则选择以转授深圳地铁的方式退出对万科股份的持有。上述行为一定程度上与国企把业务收缩在主营业务的战略调整有关。毕竟一些行业不仅不为非控股股东所熟悉，而且还耗费控股股东大量的精力和投入参与该公司的治理，如委派董事、监事和高管等。通过退出自己不擅长不熟悉的领域，使自己的业务集中于所擅长所熟悉的领域纵深发展，才能真正做到有守有为。发改委在召开的专题会议上明确提出，国有企业要按照完善治理、强化激励、突出主业、提高效率的要求，积极推进混合所有制改革。我们相信，包括中国联通等在内的国有企业将加大引入社会资本的力度，逐步建立社会资本愿意参与、能够参与的治理构架，实现社会资本与国有资本的合作共赢，以扎实推进国资监管从“管企业”到“管资本”的角色转变。

需要说明的是，由于资本市场走向成熟和外部法律环境的逐步改善，资本市场在不知不觉中已经进入股权分散时代。上市公司第一大股东平均持股比例已从2005年股改前的40%以上下降到2015年以来的33%左右。这意味着，对于大多数上市公司，第一大股东既没有绝对控制权，也不再具有相对控制权和否决其他股东2/3投票通过的可能性。不仅如此，第一大股东持股比例低于20%的公司超过500家，甚至有50家左右的上市公司第一大股东持股比例不足10%。上述变化使得第一大股东在公司治理中的作用并没有以往那么重要，第一大股东的性质由此同样变得不再重要。

万科和南玻A第一大股东性质改变带给公司治理理论和实践的启发如下：其一，第一大股东性质改变的重要程度取决于一个公司治理结构的完善程度。给定一个公司已在一定程度上形成完备的公司治理结构，那么第一大股东性质的改变对于企业经营管理的影响就无关紧要。其二，在资本市场上，如同上市公司股权结构由集中趋于分散将成为常态一样，未来第一大股东性质的转变也将成为常态。其三，国资进入什么领域的同时退出什么领域要依据战略调整方向和业务开展熟悉程度选择，做到有进有退，有守有为。

第 4 节

从国企并购历史看新一轮的国企并购潮

2018 年年初以来，很多媒体报道了我国资本市场上掀起的所谓“国企并购潮”。例如，根据《经济观察报》2018 年 9 月题为《上市公司频发控股权转移》的报道，截至 2018 年 9 月 12 日，沪深两市已公示 73 起上市公司控股权转让公告。其中有 29 起属于国资企业收购控股权的买壳行为。不少收购方是各地方的国有资本运营平台或是国资委，其中，仅深圳国资委就涉及战略入股四家上市公司。在 2018 年 12 月举行的中国经济 50 人论坛上，有多位经济学家提到这一波并购潮背后所折射出的“国进民退”现象。“私营经济应该逐渐离场”的说法在某种意义上也可以理解为对所谓新一轮国企并购潮的背书。那么，应该如何解读所谓“新一轮的国企并购潮”呢？

第一，随着我国资本市场在 2015 年进入分散股权时代，上市公司并购进入活跃期，资本市场应有的资产重组和资源配置功能正在显现。从 2015 年开始，我国上市公司第一大股东持股比例下降到体现“一票否决”相对控制权的 33.3%，我国资本市场开始由之前的一股独大进入分散股权时代。这一变化是从 2007 年股权分置改革完成，股票开始全流通的量变的长期积累，并在 2015 年迎来了质变。万科股权之争事实上就是在上述背景下发生的。万科是中国改革开放后企业发展的缩影，在中国商界具有重要的标杆作用，笔者倾向于把发生于 2015 年的万科股权之争认作中国资本市场进入分散股权时代的标志。

从历史经验看，当上市公司绩效表现较差、估值较低时往往是资本市场并购和资产重组的活跃期。在 2015 年“股灾”发生三年后的 2018 年，在中美贸易摩擦、去杠杆政策出台和资管新规落地等外生事件和短期政策冲击下，投资者预期的“独角兽回归 A 股”，分享新经济企业发展红利的梦想落空，我国资本市场再次经历了千股跌停。历史上那些借助高杠杆和资本运作快速发展的上市公司普遍面临现金流紧张的问题，资金链断裂的风险加剧。与此同时，一些公司的主要股东之前质押股权在资管新规和股价下跌双重压力下面临爆仓风险，主要股东股权转让需求强烈，纷纷开始寻求有实力的资本接盘。

我们看到，2018 年以来出现的上市公司控制权转移趋于活跃，一方面与 2018 年经济下行、股价低迷、企业与股东资金紧张的状况有关，另一方面则在一定程度上是我国资本市场进入分散股权时代并购活跃趋势延续的反映，甚至是两种因素的叠加。

从积极的方面理解，我国发生的资本市场并购活跃、控制权转让频繁一定程度上表明，上市公司正在积极通过控制权的转移实现资产的重组和资源配置的优化，资本市场应有的资产重组和资源配置的功能正在显现。

第二，与2008年前后在一些省份推行的国企收购同行业民企的那一轮“国进民退”相比，这一被一些媒体解读为新一轮“国进民退”的并购潮，由于是借助资本市场实现的控制权性质从民资到国资的转变，其负面效应要小得多。从我国资本市场以往并购和资产重组控制权转移的方向上来看，既有从民资转移到国资，也有从国资转移到民资，当然还有从民资到民资和从国资到国资。需要说明的是，从2010年开始我国上市公司非国有控股股东性质占全部上市公司比例首次超过国有控股后，我国国有控股上市公司稳定在1 000家左右，而非国有控股上市公司则从2010年的1 036家一路飙升，到2017年年底已达2 496家，年均增长幅度在20%以上，数量已经占到全部上市公司的70%。至少从非国有控股公司数量增长来看，从2010年开始我国资本市场迎来了民营资本上市的快速增长期。逻辑上，由于民资控股上市公司成为我国资本市场的大多数，围绕民资的控制权转移，甚至控制权由民资转为国资的案例会多一些。

随着资本市场的资本社会化范围的扩大，除了全社会资源配置效率的改善，我们同样能感受到资本来源性质的区分已经变得不那么重要。无论国资还是民资，都需要遵守资本市场的游戏规则，平等地保护每一位投资者的权益。在50人经济论坛上，中财办前副主任杨伟民提出了应逐步取消所有制分类，长期应该逐步淡化并取消国企、民企、外企的所有制分类，按照党的十九大的要求，凡是在中国境内注册的企业，在法律上要一视同仁，政策上要平等对待的观点。陈清泰之前曾经表示，对混合所有制企业再继续严格界定国有和民营已经失去了意义，政府应该弱化直至取消按企业所有制成分区别对待的政策，促进实现各类企业权利平等、机会平等和规则平等。随着我国资本市场资源配置功能的稳步发挥，资本流动为所有制分类的取消创造了市场条件。

第三，虽然控制权性质的转变在我国资本市场进入分散股权时代很正常，但如果国资在成为新的控股股东后，如50人经济论坛上李扬教授所指出的，像传统国有企业一样“管人管事管企业”，则显然是公司治理的倒退。因此在通过资本市场并购活动实现的所谓新一轮“国进民退”中，真正应该担心的是李扬教授所指出的，向这样的企业派领导，很有可能会扼杀它原来的生命力。

需要提醒那些刚刚通过并购获得控制权的国资，上市公司作为公众公司，是一种资本社会化的实现形式，除了国资外还存在其他股东。用现在正在积极推进的国企混改的术语来讲，上市公司甚至可以理解为不同性质资本的自然“混合”。公司法保障全体股东集体享有所有者权益，而不是仅仅保障部分所有者的权益。特别是上市公司控制权是按照资本市场的规则获得的，未来更应该继续遵循资本市场的规则。而樊纲教授曾提及国资应该以优先股的方式进入民营上市企业，这对于发行优先股的公司也许不失为一种有效的方式。正如我们前面分析的，流动性约束是这一轮民企面临的问题，而公司治理构架，甚至业务模式不仅不是导致控制权发生变更的重要因素，反而是国企通过混改需要向民资学习的。事实上，混合所有制改革的精髓恰恰在于从原来一股独大下的"管人管事管企业"转变为按照资本市场的规则"管资本"，由全体股东享有所有者权益。这体现在，一方面以在股东大会集体投票表决的方式对包括董事会组成、资产重组、战略调整等公司重大事项进行最后裁决；另一方面以出资额为限承担集体决策错误导致的经济后果，实现权力责任的对称，使企业成为真正自负盈亏的经营实体。

第四，需要提醒那些刚刚通过并购获得控制权的国资，在历史上国资发起的并购浪潮不止一次，却鲜有成功的例子，国企能否解决自身的体制和机制问题是并购最终能否获得成功的关键。为数不少的国企曾响应国家"走出去"的号召进行海外并购。一时间，中国国企领导频繁出现在全球并购市场上，大有买下整个华尔街的气势，不少国企甚至获得了一些国外著名公司的控制权，但实际上这些"走出去"的企业很多"再也没回来"。

我们希望，如同在这次并购浪潮中资金困难的民资被迫让渡控制权是一种理性选择一样，国企在选择并购民企，特别是在获得控制权后的公司治理制度安排上同样要做出理性的抉择。毕竟，解决自身的体制和机制问题才是国企并购最终获得成功的关键。否则，国企并购潮在历史上曾经发生数次的悲剧还将重演。

第 5 节

国资入主民企后，公司治理究竟发生了哪些变化？

2018 年年初以来，国资接盘民资上市公司所谓的“国资并购潮”引发了学术界和实务界普遍关注。面对股权质押爆仓风险和资金链条断裂的事实，在国家隐性担保和银行倾斜信贷政策支持下，资金实力雄厚的国企接盘，成为很多寻求外部资金支持渡过难关的民企的理性选择。因而，国资入主民资的控制权转移也许就像其他并购一样，很可能成为中国经过近 30 年发展逐渐成熟的资本市场资源重新配置功能的显现。除了上述解读，新一轮的“国资并购潮”还被一些媒体和学者解读为“国进民退”在中国资本市场上的反映。而后者则引发了社会对民营企业生存发展空间进一步逼仄的担忧。

对于新一轮“国资并购潮”究竟只是通过并购重组改善资源配置效率，还是在资本市场上的“国进民退”显现的争论，其解决途径很大程度上依靠观察在国资入主民资后，公司治理结构究竟发生了哪些变化。

由于目前无法从新近宣布控制权转移的公司中获得包括董事会组织和高管任免等信息，绩效改变更是无从观察，在接下来的简单统计分析中，我们仅仅选择了从 2015 年到 2017 年年底所有控制权由民资变更为国资的上市公司。之所以选择从 2015 年开始，是因为从这年开始，中国上市公司第一大股东平均持股比例低于代表“一票否决”相对控制权的 33.3%，中国资本市场进入分散股权时代。原控股股东持股比例的减少和并购门槛的降低无疑会使并购行为比以往任何时候都更加频繁。这事实上同样是从 2015 年开始包括万科股权之争在内的险资举牌现象频发背后的原因之一。

统计表明，从 2015 年到 2017 年中国国资入主民资导致控制权发生变更的上市公司共有 19 家。从年度分布来看，2016 年最多，有 10 家；2015 年和 2017 年分别有 5 家和 4 家。根据《经济观察报》2018 年 9 月的报道，截至 2018 年 9 月 12 日，2018 年有 29 起国资企业收购控股权的买壳行为。而根据《中国证券报》2018 年 10 月的报道，2018 年以来已有“37 家上市公司宣布国资入主”。与控制权由民资变更为国资的上市公司数量一度从 2016 年的 10 家降为 2017 年的 4 家相比，2018 年出现的“国资并购潮”确实呈现出不同以往的特点，有待深入考察。

按照国资控股公司的性质，我们进一步将其简单区分为投资平台和经营实体两类。在 19 家公司中，新入主的国资是投资平台的有 12 家，占比 63.16%；是经营实体的有 7 家，占比 36.84%。其中有 6 家上市公司的经营范围与新入主的国资存在交叉和重叠。如果我们把以投资平台实现控股理解为具有一定财务性质的投资，那么与经营范围交叉和重叠的国资控股很大程度上可以理解为是围绕未来战略扩张展开的属于战略性质的投资。

在从民资变更为国资的控制权转移实现方式上，不仅存在协议转让、取得上市公司发行的新股、通过交易所集中交易等市场化程度相对高的实现方式，而且存在间接方式转让、一致行动人协议、表决权委托协议、被动控股、无偿划转等多种其他情形。如果把协议转让、取得上市公司发行的新股、通过交易所集中交易理解为偏市场的行为，而把间接方式转让、一致行动人协议、表决权委托协议、被动控股、无偿划转等理解为偏非市场的行为，在 19 家公司中，偏市场行为的公司有 11 家，占比 58%。这在一定程度上表明，在过去三年中，国资入主民企完成的控制权变更更多是基于市场行为。

从所统计的 19 家公司的治理结构变化来看，国资入主民企之后，所有公司都重新委派了非独立董事。国资委派的非独立董事比例均值高达 59.56%。其中有一家公司全部非独立董事均由国资委派。这些新入主的国资大幅超过其持股比例委派非独立董事，从而普遍存在超额委派董事现象。与直接持股相比，19 家公司超额委派董事比例平均超过其持股比例 38.29%。其中，有 14 家公司在国资入主后委派了董事长，占比高达 73.68%。同时，国资入主之后往往会同时对高管进行调整，19 家公司中有 12 家公司委派了总经理，占比 63.16%。超额委派董事和委派董事长或总经理是持股比例不高的实际控制人加强公司控制，获得超级控制权的重要实现方式。

除了上述治理结构的变化，我们特别考察了控制权变更前后这些国资入主的公司会计绩效的变化。我们没有同时考察市场绩效，原因是 2015 年中国资本市场在经历“股灾”后长期处于熊市。2017 年完成控制权转移的公司由于 2018 年的“股灾”同样无法进行控制权变更前后的比较。我们发现，总体而言，这些公司在控制权变更后一年，无论是总资产收益率（ROA）还是净资产收益率（ROE）都好于变更前一年，其中净资产收益率的改善尤为显著。在投资平台类公司中，总资产收益率和净资产收益率在控制权变更后明显提升。然而，在经营实体类公司中，二者在控制权变更前后并未发生显著的变化。这一定程度上表明，控制权变更带来的绩效改善很大程度来源于投资平台控股方式实现的国资入主民资。

由于样本量的限制，目前的观察结论仅仅是一个规律性的猜测，远非统计意义上令人信服的经验证据。那么我们可以得到多少规律性的猜测呢？

首先，无论从过去三年控制权变更发生的公司数量，还是控制权转让实现方式，甚至从会计绩效改善情况来看，控制权从民资到国资的变更更多是市场自发行为。在发生数量上，从 2015 年到 2017 年并没有表现出持续上升（或下降）的趋势。而 2018 年国资入主民资的控制权变更公司数量则大幅上升，引来市场的惊呼和媒体、学者的各种解读。我们看到，其中确实有蹊跷之处，这需要我们未来持续地观察。从控制权变更的实现方式和会计绩效的改善情况来看，这一期间发生的国资入主民资的控制权变更更多是利用资本市场自发实现的资产重组。而在重组完成后效率实现改善的事实不仅在意料之中，也在情理之中。因而我们更愿意把这一时期的国资入主民企的控制权变更理解为中国资本市场的资源重新配置功能发挥效用的显现。

其次，国资无论是投资平台还是经营实体控股，均强调控制权的占有。这不仅表现在几乎所有公司超额委派董事，而且有很大比例的公司委派董事长和总经理。由于出资比例所体现的责任与委派董事所产生的对董事会决策实际影响所体现的权力的分离和不对称，超额委派董事将形成一种经济学意义上的负外部性。

最后，颇令人感到意外的是，控制权变更如果是通过投资平台控股，在国资入主民企后，会计绩效改善程度显著高于通过经营实体控股。对此的可能解释是，财务投资性质的投资平台更有利于上市公司所有权与经营权的分离，使公司保持活力，因而带来控制权变更后会计绩效的改善。这似乎从侧面印证了中国目前积极推进的通过设立国有资本投资运营公司来实现国有资产管理体制从“管企业”到“管资本”的监管职能转变的改革思路的合理性。投资平台一方面是自身出于财务投资的目的，另一方面是由于对具体产业经营并不熟悉，因而不得不把专业的事交给专业的人来办，避免了外行指导内行，由此实现了国企混改预期的所有权与经营权的有效分离。

第 6 节

授权放权清单：国企改革开启“权力回归”之路

2019 年 6 月初，作为推进国企混改的重要举措，国务院国资委印发了《国务院国资委授权放权清单（2019 年版）》（以下简称清单）。清单将央企审批混改方案、股权激励方案纳入授权放权清单范围，支持央企所属企业按照市场化选聘职业经理人，其薪酬由相应子企业的董事会来确定。

虽然在形式上这只是国资委向其直属央企的授权放权，但其实质是把原本属于股东及其委托的董事会部分或全部权力“归还”给股东及其董事会。因此，笔者倾向于把清单的印发理解为国企改革“权力回归”之路的开启。它对于推动新一轮国企混改的深入无疑具有积极深远的意义。那么，为什么说清单的印发在一定程度上开启了国企改革“权力回归”之路？

首先，授权放权背后的股东“权力回归”凸显了现代企业制度权力责任匹配的原则。我们知道，一个投资者之所以愿意把资金投到自己并不熟悉其经理人的公司，是由于这家公司向该投资者做出了投资者成为股东将享有所有者权益的庄重承诺。按照哈特教授的观点，作为所有者，股东一方面有权对资产重组、战略调整等重大事项以股东大会集体表决的方式进行最后裁决，另一方面又需要以出资额为限为其可能做出的错误决策承担有限责任。前者称为剩余控制权，后者称为剩余索取权。股东之所以可以对重大事项拥有最后裁决权，显然是由于其出资可以为自己参与并可能做出的错误决策承担相应的责任。权力和责任匹配由此成为现代企业制度中产权安排需要遵循的基本原则，而股东成为现代股份公司中公司治理的权威则是这一原则的贯彻和体现。而清单的印发意味着，目前已经把原来由作为国资监管当局的国资委对混改方案和经理人股权激励方案等的批准交给具有一定责任承担能力的作为上市公司控股股东的集团公司（国资委直属央企）。未来并不排除进一步授权，使其回归到作为公司治理权威股东的可能性。

其次，国资委授权放权给央企很好地体现了现代企业制度的信息对称原则。印发的清单支持央企所属企业按照市场化选聘职业经理人，强调其薪酬由相应子企业的董事会确定。容易理解，对于所处行业市场结构不同，企业规模大小悬殊，业绩表现各异的不同企业，如果把经理人薪酬制定统一交由监管当局来完成，唯一的结果只能是“一刀切”的限薪。而多年前对国企高管“一刀切”限薪的结果是不仅导致了部分国企人才的流失，而且成为一些国企出现懒政、惰政和庸政的制度根源。一个对经理人激励有效充分的薪酬制定显然是把制定的权力交给信息更加对称的董事会，由董事会根据经理人绩效表现和所处产业的薪酬市场化状况科学做出。而忽视对当地信息的合理利用，必然导致致命的自负。

最后，国资委授权放权给央企一定程度上体现了现代企业制度的专业化分工原则，有利于国有资产管理体制从“管人管事管企业”向“管资本”的转变。以所有权与经营权分离为特征的现代股份公司的兴起，由于实现了股东在社会范围的风险分担和职业化经理人专业决策之间的专业化分工，极大地提升了管理效率，成为人类财富在过去几个世纪快速增长的重要原因之一（巴特勒）。虽然所有权与经营权分离会带来股东与经理人之间的代理冲突，但在对所有权与经营权二者关系的问题上，正确的做法显然是努力实现资本社会化与经理人职业化之间的专业化分工带来的效率改善和降低代理成本之间的平衡，使所有权与经营权做到有效分离，而不是一味地加强控制，甚至为了控制而控制。因而清单的印发一方面将为国资委直属央企作为子公司的大股东与其他股东一道通过股东大会等治理机制履行投资者“管资本”的职能创造条件，另一方面则使得国资委从大量烦琐的行政审批中解脱出来，专注于国资的监管和产业布局的引导，实现国有资产的保值增值。因而，授权放权有利于国资委和央企之间，进而央企和下属子公司之间的专业化分工，有助于国有资产管理体制从“管人管事管企业”向“管资本”转变的目的实现。

授权放权在国企改革过去40年的历程中并非第一次。最初的国企承包制就是在“放权让利”的指导思想下层层推进的。根据以往的经验，放权往往会陷入“一放就乱，一管就死”的怪圈，最终在一片混乱和狼藉中不得不重新回到“收权”的状态。我们理解，这事实上也是部分国企改革政策实际决策者在相关政策推进中的顾虑所在。

那么，在新一轮授权放权中如何才能真正跳出上述怪圈呢？目前正在积极推进的引入民资背景战略投资者开展混改为跳出上述怪圈带来了可能。混改引入的民资背景的战略投资者首先是可能错误决策的风险分担者。在引入战略投资者后，风险在包括战略投资者在内的股东之间进行了分担，以此避免了以往决策错误不得不最终由来自纳税人的财政补贴埋单，使得原本软化的预算约束逐步硬化起来。而“国家父爱主义”下的国企面临的政府隐性担保和预算软约束长期以来受到理论界的广泛批评，甚至成为中美贸易战关注的焦点。其次，战略投资者形成的权力制衡成为做出错误决策的重要纠错机制。盈利动机明确的战略投资者及其委派的董事代表会阻止主要股东使其自身利益可能受到损害的商业决策。而上述举措，反过来可能保护了同样需要保护的国资。

完成混改的中国联通为我们理解在新一轮授权放权中如何

通过引入战略投资者进行混改来跳出上述怪圈提供了一个可能的逻辑例证。不同于清单授权联通集团审批控股公司中国联通的股权激励方案，作为“央企混改第一股”的中国联通混改，其实际股权激励方案是在国资委指导下作为联通混改最后一块拼图经过慎重讨论认真评估推出的。对清单印发的一个自然的担心是，如果把股权激励方案授权给联通集团，是否会使不当的股权激励方案出台，甚至会导致经理人的超额薪酬现象，损害包括联通集团在内的股东的利益。原本为了增加国企活力的授权放权由此再次陷入“一放就乱，一管就死”的怪圈。

让我们设想，如果上述决策是由混改完成后的联通集团和所引入的战略投资者 BATJ 共同完成的，结果可能会是怎样的呢？我们将看到，盈利动机明确的 BATJ 首先会支持而不是反对联通集团推出激励管理层和主要雇员的股权激励计划。因为它们自然理解，虽然看上去向管理层和主要雇员支付了高昂的薪酬费用，但得到充分激励的管理层和雇员将为企业创造更大的价值，为投资者带来更多的回报。而这些将远远超过所付出的薪酬费用。其次，BATJ 及其委派的董事会阻止联通集团可能提出的不合理的股权激励方案。那样做不是由于这一方案将损害联通集团从而国资的利益，而是因为它将损害其自身的利益。即使 BATJ 之间存在复杂的竞争关系和惺惺相惜，但在阻止联通集团可能推出的导致经理人超额薪酬现象的股权激励方案的问题上，它们会坚定地站在一起。

因此，对于授权放权如何避免陷入以往“一放就乱，一管就死”的怪圈，基于前面的分析，一个可能的思路是把放权与混改结合起来。一方面，通过清单印发赋予央企作为管资本的实际责任人原本属于股东的权力，更好地体现现代企业制度的权力责任匹配、信息对称、专业化分工等基本原则。另一方面，通过引入民资背景的战略投资者混改，形成对央企作为主要股东的权力制衡和纠错力量，由此避免再次陷入以往“一放就乱，一管就死”的怪圈。

我们看到，对于目前实务界和理论界存在争议的国企“混”和“改”的关系，授权放权清单的印发为我们从新的视角理解二者的关系提供了契机。那就是，只有“混”，才能放心地“放”；也只有“混”，才能最终实现国企真正的“改”。

6 CHAPTER

第6章

国企高管薪酬和激励制度改革

在公司高管超额薪酬问题凸显的背景下，我国政府于2014年开启对国企高管新一轮限薪。经理人薪酬中除了经理人人力资本的补偿，还包含支付信息租金的激励因素，也是企业家精神的体现，因此不能简单通过“一刀切”来限薪。在评价经理人薪酬是否合理的问题上，基准是经理人为企业创造多少价值，同时由更具信息优势的一方来主导激励合约的设计和实施。

国企高管薪酬改革在短短三年内出现的反复表明，通过行政性的自上而下的限薪手段，无法解决国企改革中长期积累的高管薪酬制定问题。只有重新回到市场化改革轨道，按照市场规律来考虑如何制定企业高管薪酬才是根本出路。

员工持股作为国企混改的重要手段频繁见于从央企到地方国企的混改方案中。由于在性质上属于增量改革，不造成以往利益格局的重大改变，很多国企在混改实践中乐于采用这一更易于使不同利益主体接受，不招致更多反对声音的改革方案。那么，作为国有企业混合所有制改革的重要配套措施，应该期待什么样的员工持股方案呢？

对于即使上市公司都很难做到让持股员工相信实际控制人会拿出“真金白银”分红的员工持股计划，来自河北的两家并未上市的民营企业却出人意料地做到了。那么，实施员工持股计划，这两家民营企业究竟做对了什么？对我们国企改革过程中正在积极推进的员工持股计划又有哪些启发呢？

第1节

国企高管限薪与薪酬合约设计背后的信息问题

在2008年国际金融危机爆发，公司高管超额薪酬问题凸显的背景下，我国政府多次出台国企高管限薪政策。新一轮高管限薪政策是2014年11月印发的《关于深化中央管理企业负责人薪酬制度改革的意见》(中发〔2014〕12号)。

纵观新一轮的国企高管限薪政策，其显著特征可以概括为以上年度央企在岗职工年平均工资作为参照系和限薪的实施以“中办”名义印发文件自上而下推进两个方面。虽然上述限薪政策主要针对央企组织任命负责人，但由于所谓组织任命负责人和职业经理人的边界模糊和相关传染外溢效应，上述实践毫无疑问会对我国国企经理人薪酬设计实践产生重要的影响。

事实上，从泰勒科学管理时代开始，在经理人（职能工长）

薪酬制定上始终困扰人类的难题是，对于经理人的努力程度，只有经理人自己知道，股东不仅在法律上无法证实，有时甚至无法观察，因而经理人与股东关于经理人努力程度的信息分布是不对称的。由于经理人努力程度的上述私人信息特征，我们看到，泰勒事实上无法真正做到“科学定额”和“标准化”，否则泰勒所自认为的“科学定额”就不会被马克思指责为“资本家对工人的剥削”。出于同样的原因，无法基于社会必要劳动时间等抽象的概念来准确界定劳动力这一特殊商品的价值，毕竟对于这一概念所依赖的“现有社会正常的生产条件”“社会平均的劳动熟练程度和劳动强度”等在资本家与工人之间同样无法基于充分的信息形成一致的认识。因此，无论是科学管理理论还是剩余价值理论事实上都无法完成经理人薪酬合约的科学制定。

这一问题直到 20 世纪 70 年代基于现代博弈论的信息经济学发展成熟才大为改观。前面提到，股东通常无法识别企业经营状况不好是由于外部经营环境的恶劣还是由于经理人的偷懒，因此，在拥有努力程度的私人信息的经理人和外部分散股东之间存在信息不对称。信息不对称带来的经济后果是经理人存在道德风险倾向：既然股东无法证实经理人的努力，甚至不能观察到，那么在给定（平均）的薪酬水平下，经理人会选择偷懒，以减少自己的负效用。需要说明的是，与马克思关注资本家对工人的剥削问题不同，信息经济学关注的是具有私人信息的经理人的偷懒问题。

那么，如何对不可证实，甚至不可观察的经理人的努力程度进行激励呢？在信息经济学看来，虽然经理人的努力不可证实，甚至不可观察，但可以将经理人的薪酬与可证实的一种直接机制（例如企业绩效）挂起钩来，只有在企业绩效好时，经理人才有望拿到高薪酬。而为了获得良好绩效，经理人则需要努力工作而不是偷懒。通过将经理人薪酬设计与可证实的企业绩效直接挂钩，信息经济学一定程度上解决了经理人与股东围绕经理人努力程度的信息非对称这一难题。改革开放以来，我国农民从"人民公社"到"联产承包责任制"，工人从"大锅饭"到"绩效工资"，事实上无一例外地遵循着上述逻辑。

科学的经理人薪酬合约除了要与企业绩效挂钩，还需要满足两个基本的约束条件。一是参与约束（或个体理性约束），即经理人接受公司聘用可以获得的薪酬应该不少于其他任职机会带给他的薪酬。这一条件考量的是经理人接受该公司聘用的机会成本。二是激励相容约束条件，即通过向经理人支付激励薪酬方式协调二者的利益冲突，不仅对股东而言最优，对经理人而言也是最优的。或者说，看起来股东向经理人支付了高的激励薪酬，但受到激励的经理人的努力工作最终为股东创造了更大的价值。股东在获得的投资回报与支付给经理人薪酬的平衡后实现了股东价值最大化，经理人则通过获得高的激励薪酬与努力付出的负效用的平衡同时实现了经理人效用的最大化。二者通过经理人薪酬合约的设计达到双赢（纳什均衡）：股东借助经理人的专业知识创造财富，经理人则通过股东提供的事业平台实现人生价值。由于经理人对私人信息的控制，为了使经理人说真话，股东需要向经理人支付（与机会成本相比）更高的工资。信息经济学把上述与信息控制相关获得的非生产性溢价称为信息租金。

简单对比新古典经济学与信息经济学经理人薪酬设计思想的差异，我们看到，基于信息对称的新古典经济学认为工资是（经理人）劳动力的价格和人力资本付出的补偿；而基于信息不对称的信息经济学则强调经理人薪酬除了补偿人力资本付出（个体理性约束的体现）外，还应包含为了鼓励“说真话”的信息租金（激励相容约束的体现）。因而，经理人薪酬合约设计的一个新功能是向经理人提供激励，而不仅仅是人力资本付出的补偿。

基于信息经济学的经理人薪酬设计思想给予我们的直接启发是：第一，在评价经理人薪酬是否合理的问题上，基准是经理人为企业创造多少价值，而不是其他。原因是股东对经理人努力程度的信息不完全是开展经理人薪酬合约设计的逻辑和事实出发点。如果某企业的绩效与另一家企业不同，该企业经理人薪酬就有理由与另一家企业不同。除了企业绩效，经理人风险态度、外部经营环境的不确定性、企业规模和所处产业的竞争程度等都会显著影响经理人的薪酬水平和薪酬结构。如果某企业所处的行业与另一家企业不同，该企业经理人薪酬就有理由与另一家企业不同。在实践中，经理人激励强弱依据经理人薪酬绩效敏感性来判断。研究表明，美国企业绩效与CEO薪酬的敏感度为1 000∶6，即股东权益每提高1 000美元，CEO可以获得6美元的激励报酬；而美国银行业CEO薪酬与企业绩效的敏感度仅为1 000∶4.7。这是由于银行业的高风险和受到高度监管的特征使银行业的报酬绩效敏感度通常低于制造业等其他行业。

这提醒理论界与实务界重新思考新一轮高管限薪“以上年度央企在岗职工年平均工资作为参照系”的合理性。毕竟，现在高管与在岗职工的关系不同于泰勒科学管理时代的“职能工长”与工人的关系，何况信息经济学的发展告诉我们，经理人薪酬合约设计解决的核心问题是经理人努力的信息不完全。因而央企在岗职工年平均工资能否代替企业绩效成为评价经理人薪酬合理性的基准值得怀疑。而央企在岗职工年平均工资是基于何种基准或因素确定的，其理论基础和现实依据是什么等一系列问题更加令人疑惑不解。

第二，基于信息经济学的经理人薪酬合约设计事实上包含的另一个重要思想是当信息不完全时应该由更具信息优势的一方来主导合约的设计和实施。例如，由于作为公司治理核心的董事会在评价企业绩效等问题上更具信息优势，因而在公司治理实践中经理人薪酬设计和实施通常是由董事会（薪酬委员会）来完成。这充分体现了现代组织授权结构与信息结构相匹配的原则。而目前新一轮高管限薪由不具有信息优势的政府部门来主导薪酬制定则显然违背上述原则。

上述两个启发同时构成现代公司经理人薪酬合约设计所应遵循的基本原则。

在实际的高管限薪推进过程中，理论界与实务界还应特别关注以下问题。

第一，显性薪酬的限制会使经理人去追求隐性薪酬。“一刀切”的限薪除了不可避免地导致管理人才的流失，还会诱发经理人更多地从谋求显性薪酬到谋求隐性薪酬。有时因此而显著增加的代理成本远远超过通过高管限薪节省的成本，进而使股东得不偿失。而当隐性薪酬遭遇政府强力反腐也不可得时，国企高管各种所谓的懒政、庸政和惰政就会纷至沓来。因此，我们需要清楚地意识到，有时虽然向经理人支付高的薪酬增加了企业的成本，但如果通过经理人薪酬增加使企业实现更大的价值提升则是完全值得的。

第二，如何兼顾经理人薪酬设计中的效率与公平问题。不难发现，新一轮高管限薪方案中高管薪酬之所以以央企在岗职工年平均工资作为参照系，背后有公平因素的考量。前面的分析表明，经理人薪酬中除了经理人人力资本的补偿，还包含支付信息租金的激励因素，此外还是企业家精神的体现，因此不能简单通过与普通雇员平均工资相比来体现公平。在处理效率与公平问题时，以牺牲太多效率为代价来实现有限的公平往往事倍功半。事实上，限薪并非实现公平的唯一手段，通过税收调节等手段实现公平目标似乎更加有效。

第三，如何解决部分上市公司出现的经理人超额薪酬问题。研究表明，我国部分上市公司确实存在经理人超额薪酬现象。但解决经理人超额薪酬的正确思路不是通过政府部门“一刀切”

的限薪，而是通过监管当局要求更具有当地信息的上市公司董事会（薪酬委员会）对经理人薪酬的自查实现。在自查过程中，董事会应以经理人薪酬绩效敏感性作为评价基准。如果企业绩效下降，而经理人薪酬却在增加，显然是不合理的薪酬设计，应该予以纠正。

事实上，经理人超额薪酬的出现恰恰是公司治理结构不合理的证据，需要通过完善公司治理结构来实现，而不可能通过简单的限薪来加以解决。

第2节

“此一时，彼一时”的国企高管薪酬改革

《经济参考报》2017年9月以《多地推进国企改革细化方案 国企市场化薪酬改革提速》为题报道了国企高管薪酬改革的新动向。随着央企、国企的“一把手”更多地从市场中选聘产生，关键性的薪酬改革开始启动。该报预言，种种迹象表明，下一步以市场化薪酬为主体的改革将提速。

2014年11月，中共中央、国务院印发了被称为史上“最严限薪令”的《关于深化中央管理企业负责人薪酬制度改革的意见》。该意见将央企组织任命负责人的薪酬水平分为基本年薪、绩效年薪和任期激励收入三个部分。每个部分的薪酬按照上年度央企在岗职工平均工资的一定倍数来限制。例如，基本薪酬部分不能超过上年度央企在岗职工年平均工资的2倍，绩效年薪部分不能超过6倍；任期激励收入则不能超过该负责人

任期内年薪总水平的 30%（约为上年度央企在岗职工年平均工资的 2.4 倍）。通过上述限薪政策，央企组织任命负责人的薪酬水平和央企在岗职工年平均工资水平差距将控制在 10.4 倍以内。

在本章第 1 节中，我们明确指出国企高管薪酬制定应该遵循的两项最基本原则。其一，在评价经理人薪酬是否合理的问题上，基准是经理人为企业创造多少价值，而非上年度央企在岗职工年平均工资。毕竟，如果某企业的绩效与另一家企业不同，该企业经理人薪酬就有理由与另一家企业不同。除了企业绩效，经理人风险态度、外部经营环境的不确定性、企业规模和所处产业的竞争程度等都会显著影响经理人的薪酬水平和薪酬结构。其二，由在评价企业绩效等问题上更具信息优势的公司董事会而不是高高在上的政府部门参与高管薪酬设计和制定。

虽然目前无从知晓对国企高管薪酬改革从三年前的限薪如此大幅度地转向今天强调的市场化薪酬改革背后的原因，但我们猜测，这一定程度上与“一刀切”的限薪除了不可避免地导致管理人才的流失外，还会诱发经理人更多地从谋求显性薪酬到谋求隐性薪酬，当隐性薪酬遭受政府强力反腐也不可得时，国企高管各种所谓的懒政、庸政和惰政就会纷至沓来有关。

对照今天同样围绕国企高管薪酬改革提出的“以市场化薪酬为主体的改革”，相信许多市场观察者会顿生“此一时，彼一时”的感觉。在新一轮国企高管薪酬“改革”启动之际，我们希望再次提醒这些“改革”政策的制定者在以下问题上要引以为鉴，避免重蹈覆辙。

第一，与其再一次像以往一样自上而下“一刀切”地推动国企高管市场化薪酬改革，不如简单地简政放权，把原本属于企业的高管薪酬制定权力还给企业。有些读者担心，交给一个公司董事会来制定高管薪酬，那不会使“经理人超额薪酬”问题愈演愈烈吗？一个不容否定的事实是中国部分企业确实曾经存在经理人超额薪酬现象。但解决经理人超额薪酬的正确思路不是通过政府部门“一刀切”的限薪，而是通过监管当局要求拥有更多当地信息的上市公司董事会（尤其是薪酬委员会）对经理人薪酬的自查实现。如果在自查完成后依然存在经理人超额薪酬问题那一定是董事会的渎职行为，应该由股东追究董事对诚信责任的违反。

第二，混改引入的外部战略投资者将在抑制经理人超额薪酬问题上扮演重要角色，成为这次部分完成混改的国企最显著的成果之一。我们以刚刚完成混改的联通为例。在之前联通集团持股 60% 以上的一股独大及中国联通董事长和总经理由相关组织部门任命的前提下，依靠董事会来抑制可能存在的超额薪酬并不现实。但在完成混改后，在联通集团持股比例下降到 36% 以后，新引入的互联网四大巨头 BATJ 可能会联合起来质疑董事会自查经理人超额薪酬中可能存在的渎职行为。尽管四大巨头在业务发展上存在竞争关系，但在这一问题上它们也许会走到一起。在资本市场进入分散股权时代后，分权控制将成为很多上市公司基本的治理构架，依靠不同股东力量的制衡形成的对经理人超额薪酬的抑制将比信息不对称的政府部门“一刀切”限薪更加行之有效。因而，对于三年前看似限薪理由的经理人超额薪酬问题的解决之道，本质上还是需要依靠治理结构的完善来实现，而不是简单地自上而下限薪。

第三，国企高管市场化薪酬改革应该与国企高管市场化的选聘机制改革结合起来同时推进。之前我国之所以采用自上而下的国企高管限薪，一定程度上与主要国企领导处于自上而下的人事任免体系有关。由于自上而下执行行政命令的僵化，缺乏结合当地信息的灵活处置，限薪令出台后难免伤及很多甚至是市场化选聘的那些“无辜”经理人。在混改完成后，本着合作共赢的理念，国资股东与其他战略投资者通过协商，依照程序市场化选聘职业经理人，以促成中国职业经理人市场的形成。这反过来可以为经理人薪酬制定提供很好的参照系，更好地推动国企高管薪酬的市场化改革。

在国企高管薪酬实践中，应逐步形成多样化的薪酬结构体系，避免千篇一律地采用高能激励手段。经历了计划经济时代“大锅饭”分配体制下的激励不足，改革开放以来很多企业和社会组织一味强调激励薪酬的重要性，动辄强调薪酬需要与可观察可证实的绩效挂钩。

典型的例子如某大学最近推出的“10万+”网络转载等同学术期刊发表的考核办法，它集中体现了行政主导下的量化管理思维，无视学术与宣传的边界和学术市场运行自身的规律。经过40年的改革开放，今天已经到了按照激励对象本身的性质和发展阶段进行科学的薪酬设计，以形成多样化的薪酬结构的时候了。

我们以独立董事薪酬为例。类似于大学的学者，经济后果难以直接观察的事实决定了在独立董事薪酬设计上应该以声誉激励为主。这意味着，对于独立董事薪酬合约设计，上市公司提供的薪酬只是其所获的各种隐性和显性补偿的一部分。独立董事同样希望在看起来货币薪酬不那么高的公司，获得严格履行监督和战略咨询职能的良好声誉并在未来获得更多公司的聘用，因而也许并不需要像为经理人薪酬设计那样太多强调薪酬绩效敏感性。这同样是国际一流大学在经过年轻学者用以证明其自身研究能力的终身轨道后，往往采用固定薪酬制度的终身教职制度的重要原因。因为真正的学者更加看重的是基于学术自由的声誉积累，而不是与各种奖励、头衔和论文发表数量挂钩的激励薪酬制度。后者只会加剧大学的行政化和学术的浮躁。

第四，说到多样化的薪酬结构，我们就不得不围绕最近国企混改中频繁采用的员工持股计划加以讨论。员工持股作为混改的重要手段频繁见于从央企到地方国企的混改方案中。由于在性质上属于增量改革，不造成以往利益格局的重大改变，很多国企在混改实践中乐于采用这一更易为不同利益主体接受，不招致更多反对声音的改革方案。但从中国曾经推行的职工股份合作制和部分企业员工持股实践来看，由于可转让退出机制和股东权益保障的公司治理基础制度的缺失，同时兼具股东和职工身份的职工股东往往会成为下一阶段企业后续市场化导向改革进程的潜在阻碍力量。很多名噪一时的股权纷争都与当年推行的看似易于破局的员工持股计划留下的后遗症有关。

即使在美国公司治理实践中，一度鼓吹向经理人给予股权激励的金融学家詹森在意识到容易引发激励扭曲和经理人盘踞效应后，也转变了看法，指出股权激励成为经理人激励的“鸦片”。因此，原则上，如果存在传统激励薪酬能替代和解决的方案，在推进国企混改时应该尽量少用或不用员工持股计划，以免为后续的混改深化埋下潜在的隐患。更不应该一味地强调通过推出员工持股计划来实现混改。很多正在进行混改的国企历史上低效往往也不是由于没有采用员工持股计划来激励雇员，而是因为传统的激励薪酬既缺乏科学的设计，又缺乏有效的执行。

国企高管薪酬改革在短短三年内出现的反复，说明想通过行政性的自上而下的限薪手段来一劳永逸地解决国企改革中长期积累的高管薪酬制定问题是不现实的。结果是不得不回到市场化改革轨道，按照市场规律来考虑如何制定企业高管薪酬。

前车之鉴未远。希望政策制定者在新一轮国企改革政策制定中尊重市场经济规律，这样才能确保国企高管薪酬改革之路走得更远，走得更好。

第 3 节

为什么国有控股上市公司缺乏激励实施员工持股计划？

从詹森和麦克林教授于 1976 年发表的标志现代公司治理研究开始的经典论文开始，股权激励将有助于协调经理人和股东之间的利益，降低代理成本，成为公司治理理论界和实务界的共识。中国证监会于 2005 年 12 月 31 日出台了《上市公司股权激励管理办法（试行）》，国资委与财政部于 2006 年 9 月联合出台了《国有控股上市公司（境内）实施股权激励试行办法》，用来规范国有控股上市公司针对高管推出的股权激励计划实践。证监会于 2014 年 6 月发布的《关于上市公司实施员工持股计划试点的指导意见》，国资委、财政部和证监会于 2016 年 8 月联合下发的《关于国有控股混合所有制企业开展员工持股试点的意见》，则用来规范国有上市公司的员工持股计划实践。

然而，从针对经理人的股权激励计划实施状况来看，从2006年年初到2011年年底，我国共有301家上市公司提出大约351份股权激励计划。其中，来自民营企业286份，来自国有上市公司65份。作为对照，到亚洲金融危机爆发前的1997年年底，美国45%的上市公司向其经理人给予股票期权。

从针对员工的员工持股计划实施状况来看，从2014年到2017年共有486家上市公司实施了员工持股计划。其中实施员工持股计划的国有上市公司只有55家，仅占全部国有上市公司的6.37%。作为对照，非国有上市公司中高达29.6%的公司已实施员工持股计划。

容易理解，与尚未上市的国企相比，完成资本社会化和已经成为公众公司的国有上市公司实施激励计划显然有着得天独厚的制度便捷和舆论优势。然而，在国有控股上市公司中，为什么无论是经理人股权激励计划还是员工持股计划都没有像理论界和实务界期待的那样普遍推行呢？

首先，从激励对象选择来看，相关计划的主要推进者——国有控股上市公司的董事长和总经理由于是由上级组织部门或国资委任命，按照规定不能成为相关计划的激励对象。例如，即使在作为国企改革标杆的“央企混改第一股”的中国联通混改案例中，受上级委派和任命的董事长王晓初本人也并不能成为相关激励计划的受益者。这使得相关激励计划的推出陷入一种尴尬局面：有权力推进激励方案的高层管理者却无资格成为激励计划的受益者，而有资格成为激励计划受益者的普通管理层和员工却无权过问激励计划的推进事项，是否积极推进激励计划一定程度上变成了对董事长和总经理个人责任感和事业心的考验。而面对审批程序之严苛带来的潜在违规处罚风险和错综复杂的利益格局调整使个人承受的压力，“不作为”成为很多有权力推进激励计划的管理层的理性选择。

其次，从激励幅度来看，相关计划受到诸多限制，并不能很好地体现与股票相连的激励计划应有的激励效果。例如，按照相关规定，首次实施股权激励计划的，授予的股权数量原则上不得超过上市公司股本总额的 1%；公司全部有效的股权激励计划所涉及的标的股票总数累计应控制在上市公司股本总额的 10% 以内；国有高管人员个人股权激励的预期收益水平不可以超过其薪酬总水平的 30%；等等。由于之前激励幅度受到限制，国有上市公司高管对采用股权激励的积极性不高。我们注意到，在中国联通推出的员工持股计划中，中国联通以停牌前每股 3.79 元的价格（7.74 元的约 50%），向员工授予 84 788 万股限制性股票作为股权激励，约占公司当时股本总额 4%，已经远远超过相关规定中的 1% 上限。

最后，从激励计划审批程序来看，按照相关意见，除了股东大会投票表决通过，以往还需要上报国有控股集团公司和国资委层层审批。公文旅行的繁文缛节和收入与责任不对称的官僚复杂心态由此成为一些国有控股上市公司推出相关激励计划不得不考量的制度成本之一；而批准的节奏与上市公司基于市场状况选择的激励方案发行时机也往往并不一致。这些无形中进一步增加了激励计划的实施成本。对于国有控股上市公司，一个好消息是，按照《国务院国资委授权放权清单（2019年版)》，未来围绕员工持股计划的审批工作不再由国资委进行，而是授权给作为控股股东的集团公司。这使得相关审批程序减少，至少减少了国资委审批的环节。

如果说目前相关实施意见由于在激励计划激励对象、激励幅度以及审批程序等方面存在这样或那样的不足仅仅是抑制了国有控股上市公司推出激励计划的内在热情，那么，一度推出的针对央企高管的“一刀切”限薪则一定程度上打消了国有控股上市公司完善激励计划的念头。

为了解决部分企业存在的经理人超额薪酬现象引发的公平考量和社会舆论，2014年11月，中共中央、国务院印发了《关于深化中央管理企业负责人薪酬制度改革的意见》。该意见将央企组织任命负责人的薪酬水平分为基本年薪、绩效年薪和任期激励收入三个部分。每个部分的薪酬按照上年度央企在岗职工平均工资的一定倍数来限制。例如，基本薪酬部分不能超过上年度央企在岗职工年平均工资的2倍，绩效年薪部分不能超过6倍；任期激励收入则不能超过该负责人任期内年薪总水平的30%（约为上年度央企在岗职工年平均工资的2.4倍)。通过上述限薪政策，央企组织任命负责人的薪酬水平和央企在岗职工年平均工资水平差距将控制在10.4倍以内。

虽然上述限薪政策主要针对央企组织任命的负责人，但由于所谓“组织任命负责人”和“职业经理人”的边界模糊和相关传染外溢效应，上述实践将毫无疑问会对我国国企经理人薪酬设计实践产生重要影响。除了不可避免地导致部分国企的人才流失外，“一刀切”的限薪还将诱发国企高管更多地从谋求显性薪酬到谋求隐性薪酬，贪污腐化，寻租设租。而当隐性薪酬遭遇政府强力反腐也不可得时，国企高管各种所谓的懒政、庸政和惰政行为就会纷至沓来。

我们注意到，在国资委印发的《国务院国资委授权放权清单（2019年版）》中将支持央企所属企业按照市场化选聘职业经理人，而其薪酬由相应子企业的董事会来确定，使为经理人制定薪酬的权力“回归”董事会。这将为未来国有控股公司改变激励不足的现状，完善激励计划提供了可能的制度保障。

那么，如何改善国有控股上市公司的激励现状呢？

首先，在股东层面，形成主要股东之间力量彼此制衡的分权控制格局，使盈利动机明确的机构和战略投资者成为推动激励计划实施的积极力量。盈利动机明确的机构和战略投资者往往会积极支持和推动激励管理层和主要雇员的员工持股计划的出台。虽然看上去向管理层和主要雇员增发了股份，甚至稀释了其股权，但他们相信，激励充分的管理层和雇员将为企业创造更大的价值，并为投资者带来更多的回报。我们的研究同样发现，在股权更为分散，同时面临外部接管威胁的公司更可能推出员工持股计划。在上述意义上，对于国有控股上市公司激励现状的改善问题，“混”将有助于“改”。

其次，在围绕管理层的激励计划制定中，使信息更加对称的董事会成为计划制定的主导力量。我们知道，对于所处行业市场结构不同，企业规模大小悬殊，业绩表现各异的不同企业，如果把经理人薪酬制定统一交由相关监管当局来完成，唯一的结果只能是“一刀切”的限薪。一个有效的激励计划制定显然是由信息更加对称的董事会，在对所聘请的咨询机构设计方案进行评估和评价的基础上，根据经理人绩效表现和所处产业的薪酬市场化状况科学做出。董事会制定的激励计划无疑最终要通过股东大会投票表决批准后实施。

最后，对于一些企业已经存在和未来推行激励计划可能带来的经理人超额薪酬现象，应该在相关监管当局和股东要求下，由更具有当地信息的上市公司董事会（尤其是薪酬委员会）对经理人薪酬和激励状况进行自查，而不是通过“一刀切”的限薪实现。董事会在评价管理层激励计划时，应以经理人薪酬绩效敏感性作为评价基准。如果企业绩效下降的同时经理人薪酬却在增加，这显然是不合理的薪酬和激励计划设计，应该进行调整和纠正。

需要说明的是，在股东层面形成的相互制衡的分权控制格局将同样有助于阻止可能导致经理人超额薪酬现象的激励方案的出台。之所以那样做，也许并非由于这一方案可能损害国资的利益，而是因为它将损害他们自身的利益。

第4节

国企混改，我们应该期待什么样的员工持股方案？

2016年，国资委、财政部和证监会联合下发了《关于国有控股混合所有制企业开展员工持股试点的意见》(以下简称《试点意见》)。作为国有企业混合所有制改革的重要配套措施，理论界和实务界对《试点意见》充满期待。那么，我们应该期待什么样的员工持股方案?

第一，员工持股方案应该鼓励持股员工通过适当的公司治理制度安排成为公司真正的主人翁。与传统绩效工资等薪酬激励相比，员工持股计划的优势是将员工的回报与企业的长期发展捆绑起来，使员工更加关注企业长期绩效，避免追求短期利益而损害企业的长期利益。员工在多大程度上可以决定他未来对企业长期绩效的分配很大程度上与公司治理制度安排有关。例如，员工持股达到一定比例后是否可以具有推荐董事的权力？特别地，是否允许以累积投票权的方式选举代表自己利益的董事？如果推荐的董事不能保护持股员工的利益，如何罢免并选举新的董事？从目前的方案看，对这些至关重要的问题《试点意见》语焉不详。特别是，管理层往往由上级任命，按照《试点意见》不属于员工持股方案的实施对象，而允许持股的员工却没有相应的公司治理制度安排来保障自己的权益。对上述公司治理制度缺乏明确表述，可能有违员工持股计划推出的本意和初衷。

第二，员工持股方案应该鼓励民营资本参与国有企业的混合所有制改革。受到（员工持股计划）充分激励的员工当然是吸引民营资本参与国企混改的原因之一。但毫无疑问，员工持股后将使民营资本陡然间增加不得不面对的股东，这些股东并非普通的财务投资者，而是十分重要的利益相关者。因此，员工持股计划是在已经实行混改后，由代表不同股东利益的董事会根据员工激励现状（例如，董事会经过科学评价认为传统的基薪＋与绩效挂钩的绩效薪酬不足以向员工提供充分的激励）的需要推出，还是首先推出员工持股然后再引进社会资本进行混改值得商榷。一个可能的结果是，员工持股计划的推行使得很多原来准备进入国企的社会资本望而却步，除非持股员工本身就是国企混改方案设计者心目中理想的混改对象。

第三，员工持股方案标的的重点应该是国企存量部分。众所周知，国企具有吸引力和存在潜在问题的地方主要集中在存量部分。《试点意见》一方面强调增量引入，主张采取增资扩股和出资新设方式开展员工持股；另一方面却强调员工持股不是无偿获得，员工入股应主要以货币出资，并按约定时间及时缴纳。同时还规定，试点企业不得向持股员工提供垫资、担保、借贷等财务资助。实际上，一个需要“出资新设”的项目未必是员工感兴趣的项目；同样重要的是，是否有必要通过员工持股来将并非项目实施人员的员工与公司新投资项目的股东的利益捆绑在一起本身值得商榷。因为如果员工对某一项目感兴趣，完全可以通过资本市场直接购买类似项目的股票。我们同样担心的是，如果上述方案做实，最终可能出现的结果是，员工感兴趣的标的（例如国企存量部分）不允许持股，而允许持股的标的员工却未必感兴趣。这可能使得员工持股变为国企混改方案设计者的“一厢情愿”。

第四，员工持股方案应该改善传统薪酬分配方案的激励效果。理论上，员工持股方案既可能成为传统薪酬方案的补充，也可能成为只是具有一定替代性的方案。这意味着在推出员工持股方案之前需要审慎地评价目前实行的员工薪酬方案。例如，目前的员工薪酬是否已与绩效密切挂钩，是否实现多劳多得、少劳少得和不劳不得？如果目前差的绩效表现仅仅是由于传统激励方案设计不合理和冗员过多，这显然并不能构成就此推行员工持股计划的充分理由。

第五，员工持股方案应该具有合理的退出机制。我国国企改革过程中曾经推出的职工股份合作制就是由于无法合理解决职工持股的退出问题无疾而终。除了允许激励对象以规定的价格购买公司股票，标准的股权激励计划往往规定，在锁定期结束后，激励对象有权将股票在市场上出售。员工之所以愿意持有本公司的股票正是看到了分红，特别是锁定期结束后变现。这使得股票具有良好流动性的公众公司成为推行员工持股计划的主体。《试点意见》规定，“持股员工因辞职、调离、退休、死亡或被解雇等原因离开本公司的，应在12个月内将所持股份进行内部转让。转让给持股平台、符合条件的员工或非公有资本股东的，转让价格由双方协商确定”。同时规定，“转让价格不得高于上一年度经审计的每股净资产值”。这意味着，持股的员工未来可能会在给定的有限“市场”，以并不大的议价空间进行股份转让。这使得员工持股对于由于外部原因不得不进行工作转换的员工而言变得缺乏吸引力。更加糟糕的是，这一政策的执行甚至会导致一定程度的逆向选择效应：真正有能力的人害怕被绑定而不愿意接受员工持股计划，而接受员工持股计划的往往是能力不强的人。

《试点意见》饱受争议应该在政策制定者的预料之中。我们认为，政策制定者之所以强调在正式政策出台之前必须经过试点阶段，初衷就是尽早发现问题的苗头，及时总结经验和教训，避免问题大规模爆发。希望我们对《试点意见》的期待和担忧的问题能够有助于相关政策制定者及时发现问题，推出切实有效且可行的员工持股方案，以扎实推进我国国有企业混合所有制改革。

第 5 节

实施员工持股计划，这两家民营企业做对了什么？

作为基薪和奖金的补充，员工持股计划传统上一直被认为是协调股东与员工利益，激励员工的重要手段。然而，实施员工持股计划在公司治理实践中却是“一等的难事”。那就是，它需要使员工相信，未来公司实际控制人愿意与持股的员工一道“有福同享，有难同当”，员工持股后真能得到分红。而这一点事实上对一些已成为公众公司，可以借助资本市场来降低员工持股计划设计和运行成本的上市公司来说有时也很难做到。否则我们就不会看到一方面是今天监管当局对上市公司越来越严的信息披露要求和频繁的监管处罚，另一方面则是一些上市公司层出不穷的盈余管理、会计造假和关联交易，甚至直接的资金侵吞、占用和转移。

然而，对于上市公司也很难做到的让持股员工相信实际控制人会拿出“真金白银”分红的员工持股计划，河北的两家并未上市的民营企业却出人意料地做到了。2019 年 6 月 22 日在河北石家庄举办的公司治理与企业成长高端论坛上，我有幸与来自河北的两位企业家进行了面对面的交流。其中一位是来自河北黄骅信誉楼百货集团公司的穆建霞董事长，一位是来自河北石家庄恒信集团的武喜金董事长。这两家实施员工持股计划的民营企业是如何做到让持股员工相信是“真分红”？换一种说法，实施员工持股计划，这两家民营企业做对了什么呢？

我们首先来看来自河北黄骅的信誉楼。这家百货公司首先让我感到惊讶的是在电商对实体店冲击如此惨烈的今天，它能生存下来。事实上，信誉楼不仅做到持续生存，而且做到了稳健发展。在成立的 35 年中先后开设自营店 33 家，如今依然保持持续扩张的态势。根据我的观察和理解，它的经营之道，其一在于细分市场的精准定位。例如往往选择在城乡接合部，或者电商有时无暇顾及，甚至不屑顾及的乡村或县城选址开店。其二是多年来培养了一批非常优秀的员工队伍并建立了完善的售后服务体系，获得了很高的顾客忠诚度。这些经验丰富的“买手”（就是“柜组主任”）十分了解和清楚一个顾客需要什么样的商品和服务，并提前帮顾客采购到店中，使顾客乘兴而来满意而归。这个规模大约 6 000 人的“买手”团队及相关管理人员，我理解是信誉楼借助人力资本完成的一种大数据人工采集工程。当然，从信誉楼的成功我们看到，中国巨大的市场需求，除了能容纳如火如荼发展的电商和沃尔玛、物美等零售行业中的正规军，还会为信誉楼这样的品牌卓越、顾客忠诚度高、商品价格优势明显和售后服务优良的传统零售企业留下充足的发展空间。

那么，信誉楼是如何将庞大的导购员队伍和管理团队激励得如此充分呢？这离不开其可圈可点的公司治理机制设计。概括而言，信誉楼的核心激励制度有两个，一是员工持股计划，二是退休安置金制度。员工退休后，可以一次性拿到一笔高额的安置费。这使得每个员工有稳定的预期，愿意“终身”以信誉楼为家。如果说退休安置金制度侧重解决的是退休后的保障问题，员工持股计划则侧重解决员工当下的激励问题。这就回到刚才我们提出的问题。信誉楼是如何让这些员工相信不仅当下能从信誉楼的发展中分到红，未来退休时还可以拿到一笔数额不菲的退休安置金？

从股权结构设计来看，信誉楼主要针对不同岗位设计员工持股计划，而且明确规定个人持股比例的上限不超过5%。股权不允许继承（包括创始人）和自行转让，拥有收益权、选举权和被选举权。创始人张洪瑞目前持股不足总股本的1%，截至2018年年底，持有岗位股的星级导购员、柜组主任及以上级别的管理人员达9 000多人。根据穆建霞董事长的介绍，张洪瑞1984年在创业之初就明确表示：“我干信誉楼不是为个人发财，我就想干一番事业。我搭台，让员工唱戏，都唱个大红大紫。”他的创业初衷后来被延伸为信誉楼的企业使命，那就是“让员工体现自身价值，享有成功人生”。一心只想强调信誉楼“不追求做大做强，追求做好做健康，追求基业长青”的张洪瑞并不想把信誉楼做成家族企业，目前他的三个子女只是信誉楼的高层管理人员。他的一个朴素理想是，在 300 年后还有人能记起一个名叫张洪瑞的人曾经创办了一家名为信誉楼的百货店就足够了。另外，据穆建霞董事长介绍，老实人张洪瑞最初并不愿进入被认为是“无奸不商”的商业领域，善于为他人着想是他的思维习惯，诚信是张洪瑞做人做事的本分，信誉楼的公司名称由此得来。因而，从张洪瑞到信誉楼，天然具有诚实的基因，当然愿意与员工“共享未来”，而不是成就一家家族企业。

上述分散的股权结构和企业诚实的基因固然有助于建立员工信任，但在我看来，一个更为重要和根本的制度是它建立了一个员工可以直接参与，并进行权益诉求表达的公司治理构架。这就是以直选方式产生的董事会组织。信誉楼董事会每四年换届一次。在 2016 年举行的由 700 多名岗位股股东代表参加的第 22 次岗位股股东代表大会上，经过监事会提名产生 121 名董事候选人，然后在大会上从这些提名的候选人中差额选举出 46 人组成董事会，加上从社会聘请的 3 名独立董事，组成成员共有 49 名的董事会。此外还有 16 名候补董事。

信誉楼在现代公司治理制度中十分重要的董事会建设方面

创造了两个中国公司治理实践的“奇迹”。一是参加股东大会的人数。这个被称为岗位股的股东代表大会的参会规模一度达到 700 人。在我国上市公司治理实践中，在一股独大或相对控股的股权结构下，鲜有外部股东愿意花时间和精力参加根本无法左右议案表决结果的股东大会。所谓股东大会往往是列席的董事和高管人数超过代表少数大股东的股东代表的人数。这是我国上市公司股东大会的常态。然而，在信誉楼，同时有 700 多位岗位股的股东代表参加股东大会，这将是怎样的一个情景？它让我联想到巴菲特的伯克希尔－哈撒韦公司盛况空前的股东大会。二是由 49 名正式董事（现增补到 52 名）和 16 名候补董事组成的董事会。在今天公司治理流行小董事会规模的趋势下，几十名董事同时开会那又将是怎样的一个场面？根据穆建霞董事长的介绍，在董事会召开会议前，会把议案提前足够的时间让董事进行充分的准备；在董事会会议召开期间，每个董事则可以畅所欲言自由表达；最后，以投票表决的方式按简单多数原则形成董事会的最终议案。

由于是针对岗位设计员工持股计划，信誉楼岗位股的股东代表和提名的董事候选人与最终选举出来的董事彼此都熟悉。通过上述提名和选举，信誉楼把股东公认的公道正派、能力强和有担当的董事选举出来。我们看到，这里信誉楼公司治理制度建设无意中契合了现代政治制度民主选举的原理。通过直选方式，使所选举的代理人真正向大部分公众负责。在信誉楼，通过上述董事提名和选举过程，持有信誉楼股票的员工一方面相信能把维护员工权益，严格履行承诺的董事选出来；另一方面，更重要的是他们相信他们有渠道（参与提名和选举）来保障自己的权益。因而他们愿意相信，公司向其做出的分红和退休安置金的发放承诺是可置信的。我认为这是信誉楼在员工持股计划实施中做对了些什么的关键。

当然，信誉楼在公司治理制度建设上取得的成就不限于此。例如，在实践中，按照穆建霞的介绍，信誉楼严格实行董事会、监事会和总裁“立法权”、“监督权”和“行政权”三者的独立和制衡。如今创始人张洪瑞和穆建霞等都在积极思考的问题是如何设计一个无终极所有者的股权制度安排。不关注控制权，不一味“为了控制而控制”，往往能获得更为长久的控制权。这是公司治理实践中控制权安排的悖论，当然一定意义上也是人生哲学的悖论。笔者认为，这同样是信誉楼在被电商围追堵截的今天能够杀出一条血路，冲出重围的十分重要的公司治理制度保障。

另一家给人在公司治理制度设计上留下深刻印象的民营企业是河北汽配产业的恒信集团。全员持股的恒信集团在公司治理制度设计上与主要针对管理层持股的信誉楼有殊途同归之趣和异曲同工之妙。

在实践中，恒信设计出一套十分复杂的股份合作制下的全员持股计划。除了包括普通股和各种名目繁多的优先股在内的资金股，还设计了劳务股，形成了具有恒信特色的员工持股计划。我们以恒信的劳务股为例。劳务股大体分为四类。一是工龄股。在恒信工作时间越长，员工获得的工龄股越多。工龄股不能转让，离开的时候自动清零。工龄股的设计意味着员工的离职成本会很高，进而鼓励员工对企业的忠诚。二是岗位股。岗位股与员工当年度职务、岗位和履职情况挂钩。随着岗位变化该股同步变更。岗位股一年一统计，当年清零，不跨年累计。这一设计在原理上类似于岗位固定津贴。三是积分股。积分股是对员工遵守公司制度采取的一项量化考核体系。例如，员工完成每天一条总结信息、每天参加晨会、通过钉钉签到签退、参加体育锻炼、参加公司集体活动、遵守公司制度办法等，都会获得相应的积分股。积分股一年一统计，不跨年累计。以上三种劳务股与员工个人所在部门的效益无关。这三种劳务股占普通股收益的比例逐年提升，目前已达到 21%。四是超额分红。超额分红只与每个部门每个员工的效益挂钩，类似于通常的年终奖励。恒信集团在实践中摸索出一套行之有效的以股权设计方式完成的复杂的薪酬设计。

与信誉楼面临的问题相类似，这样复杂的股权设计凭什么让持股恒信的员工相信，这一切都是真的，而不是假的？在恒信的员工持股计划中，一个十分重要的制度安排是任何单一股东持股比例最高不能超过 20%，即使是恒信创始人兼董事长武喜金同样不能超过此线。之所以做这样的规定，按照武喜金的介绍，目的就是希望避免出现一个人说了算的局面，通过股权制衡形成一种自动纠错机制，从而避免恒信在重大战略决策上犯“大的错误”。

除了股权设计上避免一股独大的限制，恒信取信于员工的一个十分重要的制度保障，在我看来，依然来自基本的董事会等公司治理制度。恒信大约每三年选举一次董事。董事会与监事会的候选人资格必须满足以下四个硬性条件：最少持有 3 万股普通股，在分公司经理以上岗位任职一年以上，积分不低于 80 分，在恒信集团工作时间不低于 906 天。符合上述要求的员工都可以提前一年报名参加董事和监事的竞选。股东提前半年开始向各位候选人提出问题。竞选时允许员工和股东家属列席，同时欢迎社会人士列席监督。在候选人向股东所提问题答辩之后，由股东投票选举董事会和监事会的各个席位。

在众多董事候选人中，根据得到股东投票的多寡选举出排名前 9 的人。其中，前 7 名成为正式董事，后两名成为候补董事。监事的选举同样如此。共选出 5+2 人，前 5 名是正式监事，后两名则是候补监事。而候补董事和候补监事这些令不少公司治理的研究者和实践者感到十分新鲜的概念，其实还不是恒信最有趣的公司治理制度设计。最有趣的是，恒信居然根据选举得票的多寡在董事和监事中排序。也就是说，有排名第一的第一董事和第一监事。容易想到，同样是董事，排名第一的董事，他所拥有的员工股东对他的信任程度，从而对公司重大决策的影响力自然与排名第七的董事是不同的。如果一个董事辜负了员工股东对他的信赖，等待他的将是三年后董事选举的排名靠后，甚至直接落选。

同样值得一提的是，恒信集团议事会由董事会、监事会和总经理组成，每旬末晚上召开例会。那些不在石家庄的高管成员通过网络参会。议事会允许所有股东列席，允许通过远程视频参会，让股东了解集团决议的形成过程。在每月底最后一天召开的员工大会上，公司会专门解读当月议事会决议和介绍集团近期大事。和信誉楼一样，恒信集团把“做长做稳”看得高于“做强做大”，把百年公司当成公司治理的主要目标。普通股股东不偏重能力和学历，最看重的是能否长期在公司干下去，看重忠诚度。在我看来，恒信就是通过这样一系列员工广泛参与的公司治理制度和透明公正的企业文化使每位员工都相信，他们是在玩真的。那些分红和各种各样的股权设计兑现又有什么值得怀疑的理由呢?

我们看到，建立让每位持股员工有权参与和说“不”的公司治理制度，使每位员工股东相信管理层说的每句话、做的每件事都会兑现，这才是对一些上市公司都很难推进的员工持股计划在信誉楼和恒信两家公司得以顺利推进的关键所在。

通过信誉楼和恒信的案例，我们事实上看到了关于员工持股计划实施过程中十分重要的问题。那就是，如何设计员工持股计划固然十分重要，但更加重要的是要让持股受益人相信这一计划并非永远停留在计划阶段，而是真的可以实施。从这两个案例的讨论中我们也看到，一个好的公司治理制度的设计和运行不仅是为了使股东可以行使所有者权益，而且是为了使股东或/和员工相信这是未来实施包括员工持股计划在内的各项计划的庄严的制度承诺。正是因为有了这样的制度承诺，即使像信誉楼和恒信这样的民企也可以实施今天即使一些公众公司都无法做好和做对的员工持股计划。我们看到，这恰恰是民营企业信誉楼和恒信在实施员工持股计划上做对的地方。

7 CHAPTER

第7章

国企混改展望

一些实践者根据国企改革面临的实际困难提出，混合所有制不能从根本上解决中国国有企业改革的问题。本章通过回应在国企混改实践中，为什么应该以引入民资背景的战略投资者实现所有制混合作为国企改革的突破口对正在推进的国企混改的未来进行展望。我们强调，如同只有保持持续的对外开放，为改革提供源源不断的外在压力和内在动力，才能使改革持续深入推进一样，只有不同所有制的“混”，才能实现经营机制转换的“改”。

对于在国企改革实践中，与混改并行的通过并购重组实现的国有资源的重新组合和国资产业布局的优化的国企改革思路，我们认为，“并”形成的暂时的或局部的垄断产业结构所带来的高额利润会掩盖国企面临的真正需要解决的经营体制转化问题，而这一问题的最终解决依然需要通过“混”来实现。因而在国企改革路径选择上，我们强调，与其“并”，不如“混”。

第1节

国企混改：只有“混”，才能“改”

国企在我国国民经济中具有独特地位和广泛影响，其改革始终是中国经济体制改革的中心环节和核心内容。目前推行的以所有制混合为典型特征的国企混改一定程度上可以理解为过去几十年国企改革若隐若现的“资本社会化”传统逻辑的延续。国有企业先后经历了职工股份合作制和企业集团部分控股公司上市等改制形式。经过几年的试点探索和实践总结，新一轮国企混改初步形成了在国有资产管理体制上，通过重组或新建国有资本投资运营公司作为“政府和市场之间的界面”，“隔离”国资委和实体企业，由此实现从以往“管人管事管企业”向“管资本”转变；在经营实体层面，通过引入民资背景的战略投资者，形成主要股东之间分权控制格局等改革方向。

同任何领域的改革一样，当国企混改步入深水区，不可避免地会遇到种种现实的困难和潜在的阻力，必定出现各种理性思辨，甚至公开质疑的声音。例如，一些学者针对一些国企仅以引入战略投资者作为混改的目标，为了“混”而“混”，提出混改不是国企改革唯一实现形式，更不是“一混了之”；一些学者则针对特定产业引入战略投资者存在的现实困难，指出混合所有制不能从根本上解决中国国有企业改革的问题，只有让市场在配置资源中起决定力量方向的改革才是国企改革的关键；等等。如果结合国企改革的某些特定场景来观察和理解上述观点，它们无疑具有一定的现实合理性。那么，我们应该如何正确认识新一轮国企改革“混”和“改”的关系呢？

在回答这一问题之前，我们首先需要了解国企发展面临的主要问题。概括而言，国企发展面临的问题主要集中在以下两个方面。一是所有权与经营权未能有效分离导致的监督过度问题。例如，国资系统不是通过各个问题公司的董事会自查，而是以“一刀切”的行政限薪方式，试图解决只有部分国企存在的高管超额薪酬问题。而“一刀切”的行政限薪的后果是，部分国企高管激励严重不足，人才流失严重，不得不转而强调逐步建立和完善市场化的职业经理人薪酬制度。

二是由于国企所有者缺位和长的委托代理链条，理论上应该交由董事会履行的管理层薪酬设计问题却没有人愿管或敢管，导致管理层激励不足，甚至激励扭曲。例如，被大量实践证明行之有效的经理人股权激励计划在国企中迟迟得不到推进。即使在一些已经推出激励计划的企业中围绕方案设计已然做了种种严格的限制。如果用一种通俗的语言来概括我国国企发展目前面临的主要问题，那就是“不该管的乱管，该管的却不管”。

一个有效的国企改革方案毫无疑问需要针对国企发展存在的上述问题，对症下药，才能做到有的放矢，药到病除。我们看到，国企改革当下推行的以引入民资背景的战略投资者形成所有制混合局面的混改对于国企解决“不该管的乱管，该管的却不管”的问题具有十分重要的实践意义。

首先，通过引入民资背景的战略投资者作为新的制衡力量，建立主要股东之间的竞争关系，混改后的国企将建立一种自动纠错机制，可以一定程度上减缓以往国企所有权与经营权未能有效分离导致的监督过度问题。面对盈利动机明确的民资背景战略投资者强烈的权益诉求，混改完成后的国企将“被迫”回归全体股东集体享有公司所有者权益的现代公司治理框架。这集中体现在对资产重组、战略调整以及董事会组成等重大事项上，包括战略投资者在内的全体股东将在股东大会上按照“一股一票”投票表决的方式进行最后裁决。如果相关议案将使战略投资者的利益受到损害，该议案在表决中无疑会因受到战略投资者的反对而流产。以往的研究表明，当一个公司存在力量彼此制衡的多个股东，多方经过讨价还价所形成的折中决议，往往能够阻止资金使用方向的可能偏差，降低资金使用扭曲程度。因而混改引入战略投资者所建立的主要股东之间的竞争关系将成为一种自动纠错机制，一定程度上避免了以往国企存在的监督过度问题，实现了所有权与经营权的有效分离。

其次，通过引入盈利动机明确的民营资本，混改将使民营资本的盈利目标和国企保值增值目标有机统一在一起，在不同股东之间形成只有“合作”才能“共赢”的共识，由此有激励从本公司实际出发建立长效激励机制，以解决代理冲突下经理人激励不足，甚至扭曲的“该管的却不管”问题。对于高管薪酬制定这一国企实践中棘手的问题，盈利动机明确的民营资本会努力说服包括国资在内的其他股东：虽然向经理人支付了高额的市场薪酬，但得到充分激励的经理人可以为他们赚到更多的钱。因而混改完成后新组建的董事会将有动力按照市场化原则重建经营管理体制，由此悄无声息、自然而然地解决在很多国企改革报告中反复提到的按照市场化原则遴选职业经理人和为经理人设计薪酬的企业长效激励机制问题。

目前，很多国企正在积极推进以“引入民资背景战略投资者，实现所有制的混合”为特征的国企混改。如果要为这一国企混改实践寻找一个理论基础，也许可以把博尔顿、穆勒、班纳德森等学者共同发展的分权控制理论作为新一轮国企混改的理论基础。该理论的核心是通过引入新的大股东，形成在主要股东之间的分权控制格局，形成折中效应，减少资金使用扭曲程度，由此避免一股独大下的监督过度问题。如同哈特的现代产权理论的出发点是揭示企业中权威如何分配，回应为什么投资者愿意购买股份公司发行的股票这一“现代股份公司之谜”，但被我国学者认为是国企改制的理论基础一样，最初被用来解决干预过度问题的分权控制理论也许可以成为今天国企混改的理论基础。

如果说分权控制理论仅是从理论上讨论了引入民资背景战略投资者，形成所有制混合局面有助于解决国企所面临的“不该管的乱管，该管的却不管”问题的可能性，那么，已经完成混改的中国联通等案例则用事实证明，混改确实有助于国企克服“不该管的乱管，该管的却不管”这一通病。在引入BATJ等的资本完成混改后，除了原控股股东联通集团持股比例下降这一事实，在中国联通的董事会中几个主要战略投资者都委派了代表自己利益的董事。与混改前联通集团一股独大相比，在混改后的中国联通，如果大股东联通集团提出有损外部股东利益的议案，可能会遭到几大战略投资者股东的一致反对。混改由此使中国联通形成一种基于股东之间竞争和力量制衡的自动纠错机制，一定程度上避免了原一股独大的联通集团可能存在的监督过度问题。与此同时，在引入BATJ后，以合作共赢为目的的中国联通主要股东在如何有效激励管理层和技术骨干问题上很容易达成共识。员工持股计划由此作为联通混改方案的一部分推出则水到渠成。

除了通过引入战略投资者完成混改的中国联通等案例，一些通过上市和社会资本化事实上完成混改的国企现实表现同样可以在大样本统计意义上提供混改有助于解决困扰国企的“不该管的乱管，该管的却不管”问题的间接证据。2018年12月12日，在2018年央视财经论坛暨中国上市公司峰会上，国资委相关人员透露，有65.2%的总资产和61.7%的净资产已经进入上市公司，有 61.2% 的营业收入和 87.6% 的利润总额来自上市公司。

那么，为什么国有上市公司能够利用 61.7% 的净资产创造 87.6% 的利润？我们不难发现这与通过资本社会化建立的现代公司治理构架有直接关系。在国有上市公司的股东中，盈利动机明确的民营资本以及其他机构投资者将按照《公司法》保障投资者权益的相关规定，要求上市公司围绕资产重组等重大事项在股东大会投票表决，而且会选派代表组成董事会，监督和约束经理人可能的谋取私人利益，损害股东利益的行为；为了改善监督质量，上市公司需要引入来自外部，利益中性，注重声誉，同时具有法律、会计、金融等专业知识的人才作为独立董事进行监督和战略咨询。我们看到，通过上市和资本社会化完成混改后，国有公司逐步建立和完善了基本的公司治理构架，使职业经理人手中的经营权从股东手中的控制权有效分离出来，激发了经理人的创造力，由此造就了以 61.7% 的净资产创造 87.6% 的利润的局面。

引入战略投资者形成所有制混合的“混”与建立完善的公司治理制度和高效经营管理机制的“改”之间的关系类似于开放和改革的关系。只有保持持续的对外开放，为改革提供源源不断的外在压力和内在动力，才能使改革持续深入推进。而盈利动机明确的民资背景的战略投资者在国企改革实践中恰恰很好地扮演了开放之于改革的角色。正如改革与开放是不可分的，在国企改革实践中，不同所有制的“混”和建立有效经营机制的“改”同样是不可分的。只有“混”，才能带来真正的“改”。一些国企改革的实践者观察到，“让民营企业进来，国有企业就把机制就放开了”，而“(即使) 国有企业知道 (应该) 放开搞活，但自己不放开”，这事实上是其背后的原因。或者说缺乏盈利动机明确的民资背景的战略投资者在避免“婆婆”的“指手画脚”和建立长效激励机制等问题上的有力推动。

这些分析一定程度上表明，国企混改实践中“混”对最终完成“改”的重要性。那么，对于目前艰难进行中的国企改革，除了已经明确的引入民资背景战略投资者的“混”，是否还存在其他更为根本和重要的途径呢？甚至是否真的像一些学者所指出的，混合所有制不能从根本上解决中国国有企业改革的问题，只有让市场在配置资源中起决定力量方向的改革才是国企改革的关键呢？

事实上，在我国国企改革 40 年的历程中，在不同阶段始终存在产权重要还是完善市场竞争环境重要的理论和实践争论。其中最著名的是在 20 世纪 90 年代中期爆发的围绕国企改革究竟是从产权改革还是从完善市场竞争环境入手展开的争论。市场竞争环境的完善无疑是重要的，但通过引入战略投资者形成所有制的混合，把原来的国企改造成一个个有建立长效经营管理机制的内在动力的鲜活组织才是国企改革的突破口。只有企业对让政府相关职能机构简政放权，让市场在资源配置中起决定作用，形成巨大的内在市场需要，相关部门才可能推出顺应上述变化的改革举措。否则，国企只能在市场化改革的呼吁中消极被动地等待，甚至坐以待毙。特别是对很多处于竞争领域的国企，改革开放以来民营经济的发展已经形成竞争激烈的外部经营环境，这构成前述国企改革的强大压力和持续动力。

更加重要的是，引入民资背景战略投资者实现的混改在相互竞争的股东之间将形成一种自发秩序，积极寻求构建反映和保障股东利益诉求的公司治理制度。例如，民资背景战略投资者为了避免大股东进行关联交易和隧道挖掘，造成对自身利益的损害，会强调重大事项需要在股东大会投票表决通过后才能最终转化为公司意志。由此会逐步形成平衡各方利益和保护股东权益的基本公司治理制度以及向管理层提供充分激励的各种有效经营管理机制，而不是在政府一朝放权后，单纯依靠那些国企老总的有限经验和自觉约束去建立各种适应市场变化的所谓充满活力的经营机制。片面强调只有让市场在配置资源中起决定作用的改革才是国企改革的关键，鼓吹混合所有制不能从根本上解决中国国有企业改革的问题则可能在一定程度上误导已经初步形成的以“混”促“改”的国企改革正确方向。

对于个别国企存在的所处特定产业引入战略投资者的现实困难，需要强调的是，引入战略投资者不是看中它的行业经验，而是看中它在明确的盈利动机下形成的缓解一股独大下监督过度的公司治理制度设计和从合作共赢出发着手长效激励机制推出的内在动力。行业发展的战略制定和高效实施完全可以通过市场化薪酬激励下的市场化遴选管理团队来实现。

其实，对于引入战略投资者实现混改的现实困难，我们不应该从相同产业的民营资本不够强大从而无法“混”和“改”的角度，而是应该从民资背景战略投资者为什么不愿意进入这一新的角度换位思考这一问题。

使民资背景战略投资者愿意参加混改在经济学上是一个基础的激励相容问题。具体到国企混改实践中，就是在满足国企通过混改实现国有资产保值增值目的的同时，如何做到同时保障战略投资者的利益。只有预期到存在可置信的途径和机制阻止大股东可能做出的损害战略投资者利益的行为，民资背景的战略投资者才有动力参与混改。

那么，如何才能实现民资背景的战略投资者对混改的激励相容呢？从目前已经完成的国企混改实践看至少存在以下两种模式。一种是天津北方信托模式。北方信托成功引入日照钢铁控股集团有限公司等三家民营企业新股东，合计受让 50.07% 的股权。其中，持股 18.30% 的日照钢铁成为第一大股东，同时获得推荐董事长的权力。原第一大股东国资背景的泰达控股持股稀释至 17.94%，降为第二大股东。另一种是联通模式。出于对处于基础战略性产业的中国联通保留国资相对控股权的需要，在中国联通完成混改后，联通集团仍持有中国联通 36.67% 的股份。中国联通混改被迫选择“股权结构上国资占优，但在董事会组织中战略投资者占优”的模式来实现战略投资者的激励相容。在混改后新组成的董事会中，5 名来自百度、阿里巴巴、腾讯、京东等战略投资者的董事占到全部 8 名非独立董事中的大多数。在上述两种模式下，战略投资者预期到自己的权益将得到保障，由此变得激励相容，愿意参与混改。这里需要提醒读者注意的是，“混”入联通的BATJ也并非来自通信行业，而“混”入北方信托的日照钢铁也并非来自金融行业。因此，民资背景的战略投资者是否愿意参加混改并不是是否来自相同产业的战略投资者力量足够大的问题，而是如何使其投资权益得到保障的激励相容问题。

新一轮国企改革的成败对于我国以市场为导向的经济转型的最终实现无疑至关重要。而国企改革的成功很大程度上依赖我们能否在国企改革实践中坚持以“混”促“改”的既定方向。如同只有开放才能促进改革一样，在国企混改实践中，只有“混”，才能真正做到“改”。

第 2 节

格力集团减持格力电器股份究竟意味着什么？

2018 年 4 月 8 日，格力电器发布公告称，公司控股股东格力集团将协议转让其持有的格力电器总股本 15% 的股票。中国电器行业龙头格力电器的控股股东格力集团的突然减持毫无疑问会引发业界的种种猜测和解读。一些研究者认为，格力电器股权变动，意味着珠海国资委战略性减持格力电器，涉及上市公司向着混合所有制属性变动，而这一举措对广东省乃至全国进一步实施国企改革具有风向标意义；还有一些市场人士认为，格力混改是国企改革迈出的关键一大步，国企股权（国有资产）有望进入市场化定价的新阶段，本轮国企改革有望比肩 2007 年大牛市的主推手之一股权分置改革，将激发新一轮的制度红利。那么，格力集团减持格力电器股份究竟意味着什么？

第一，已经是公众公司的格力电器事实上已经更加彻底全面地完成了以不同所有制混合为特征的所谓混改，因此，我们并不能把这次格力电器作为上市公司十分正常的股权结构调整和控制权变更与国企目前积极推进的混合所有制改革联系在一起。我们知道，除了引入民资背景的战略投资者，上市其实是实现国企混改更加彻底的方式之一。事实上，现阶段的国企混改一定程度上可以理解为过去几十年国企改革坚持的"资本社会化"传统逻辑的延续。国有企业先后经历了职工股份合作制和企业集团部分控股公司上市等改制形式。

第二，国资背景的控股集团公司减持所控股的上市公司股份，格力集团显然不是第一家，也不是最后一家。从 2007 年股权分置改革完成，我国资本市场进入全流通时代开始，国有控股集团减持所控股的上市公司的股份逐渐成为一种潮流。例如，华润对万科的大幅减持，北方工业对南玻 A 的大幅减持，直至全身而退。伴随着国有控股股东的持续减持，同时叠加国企混改和险资举牌等因素，在 2015 年以万科股权之争为标志，我国上市公司平均持股比例低于代表相对控制权的"三分之一"，我国资本市场开始进入所谓的分散股权时代。因此，综合上述理由，把格力集团减持解读为"国企改革风向标"和"迈出的关键一大步"并不十分客观、准确。

第三，在这次格力集团减持事件中，引人瞩目的是控制权变更后控股股东性质的可能转变。格力集团在减持 15% 后，对格力电器的持股比例下降为 3.22%。未来无论是私募股权投资机构中国厚朴投资公司还是其他，甚至是目前持股排名第二的董明珠的一致行动人河北京海担保成为第一大股东，格力电器第一大股东的性质都可能会从国有变为非国有。

这里需要说明的是，对于股东集体享有所有者权益的公众公司，这种第一大股东性质的转变不具有实质性意义。2018 年年初，部分民资上市公司在去杠杆风潮下资金链条断裂，控股权被一些国资企业收购。这一事件被一些媒体过度解读为“国进民退”。其实通过资本市场控制权转移，第一大股东性质从国有转为非国有的“国退民进”同样不在少数。

第四，格力集团减持，甚至控制权变更对于董明珠管理团队意味着什么？虽然格力集团一次性减持 15% 不是一个小数目，但也不是一个大数目。除非董明珠团队业绩不尽如人意，存在明显的战略决策失误，否则无论谁成为新的第一大股东都不会同能给自己带来真金白银的优秀管理团队过不去。即使新的第一大股东有心，但其他股东也未必有意。现代股份公司通过股东集体行使所有者权益事实上成为促使所有权与经营权分离的自然屏障。这是现代股份公司作为成就经理人职业化与资本社会化的专业化分工的组织形式的内在价值所在。

第五，真正令人费解的是，格力集团为何会选择此时大幅度减持格力电器的股份？格力的股价一度高达每股 76 元。即使在险资大规模举牌的 2015 年，格力股价也长期在每股 57 元以上。在股价高启时期，格力集团没有考虑减持。然而在经历了 2019 年股市的短暂回春，股价仅仅在 45 ～ 50 元时，格力集团却急不可耐地选择在这一时点大幅减持，令人费解。

第 3 节

国企改革：与其“并”，不如“混”

国企改革观察者不难发现，国企改革在沿着“引入民资背景战略投资者，实现所有制混合”的混合所有制改革这一思路推进的同时，似乎还并行另外一条若隐若现的国企改革思路，那就是通过并购重组实现国有资源的重新组合和国资产业布局的优化。例如，南车和北车于 2015 年合并为中车，宝钢和武钢于 2017 年合并为宝武，中核与中核建于 2018 年合并为新的中核，等等。最近甚嚣尘上的是中船集团（南船）和中船重工（北船）的合并。如果我们把前一种国企改革思路称为“混”，也许可以把后一种思路称为“并”。

在完成的国企并购重组案例中，我们不难观察到，“并”在减少国企之间的恶性竞争、消除过剩产能等方面发挥了积极作用。例如，南车和北车合并的一个重要考量是减少国企之间的恶性竞争，提升中车整体的国际竞争力。在经济下行，钢铁行业面临严重产能过剩的现实背景下，为了提高钢铁产业的总体竞争能力和集中度，淘汰落后的产能，使产品开发转向高端产品和精加工产品，宝钢和武钢合并为宝武似乎水到渠成。而对于据市场传言正在积极酝酿的南北船合并，同样似乎并不难找到在全球造船业深度探底、震荡下，如何更快更好地去产能化、加快结构升级成为我国造船行业能否实现弯道超车的关键，以及对比韩国等造船强国，我国造船业集中度仍有较大的提升空间，重组整合是大势所趋等现实理由。

问题是，既然国企通过并购重组实现的“并”存在上述诸多好处，那我们为什么还要像本节的标题一样强调国企改革与其“并”不如“混”呢？

首先，“并”形成的暂时的或局部的垄断产业结构所带来的高额利润，掩盖了国企面临的真正需要解决的体制转化问题，从长远看不利于国企经营体制的转化和管理效率的提升。

一个典型例子来自最近频繁在媒体曝光的天津渤海钢铁。面对应对国际金融危机刺激政策后出现的钢铁等行业的严重产能过剩，国务院于 2009 年 3 月发布《钢铁产业调整和振兴规划》，希望力争到 2011 年，全国形成几个产能在 5 000 万吨以上的特大型钢铁企业，形成若干个产能在 1 000 万～3 000 万吨级的大型钢铁企业。在上述规划的指导下，天津市政府于 2010 年将天津钢管、天津钢铁集团有限公司、天津天铁冶金集团有限公司和天津冶金集团有限公司等四家国有企业合并组成渤海钢铁。在上述四家企业实现财务并表后的2014年，渤海钢铁进入美国《财富》杂志评选的世界500强企业榜单，排名第327位。2015年渤海钢铁在上述榜单的排名进一步从327名上升到304名。

按照相关媒体的报道，四家合并组成渤海钢铁的企业都是老国有企业的底子，在生产经营、产品销售渠道等方面，尤其是人事安置上，均让人头疼，各子公司独立运营，协调起来颇费工夫。四家不同的企业从形式的合并到真正的整合，实现最初预期的并购协同效应，形成强大合力显然并非一日之功。然而，对于渤海钢铁，在成立后不仅作为国有企业享有政府提供的隐性担保和财政背书，同时又有“全球500强”光环笼罩，天津几乎所有银行一时间纷纷向渤海钢铁伸出了“贷款”的橄榄枝，其授信额度按照媒体统计一度达到1 000亿元。这是“幸”但也是“不幸”。在数量庞大，而且成本相对低廉的资金支持下，渤海钢铁不可避免地走上快速扩张的道路，把对国企而言更为重要和根本的体制转换问题远远抛在脑后。

这里需要提醒读者注意的是，“500强”排名不一定能说明企业的综合实力和地位。近两年来，不仅有很多类似渤海钢铁的“500强”企业陷入了债务违约的例子，还存在不少上榜企业上榜营业收入大幅超过审计报告中数据的情形。

与引入民资背景的战略投资者进行所有制混合的费时费力相比，操作相对简便的同类型企业的并购重组，看似可直接实现做大国企的目的。渤海钢铁案例用事实告诉我们，国企并不能简单通过“并”来做大，要想做大，首先需要做强。

其次，国企的被“并”遮盖起来的经营体制转换问题最终依旧需要依靠“混”来解决。渤海钢铁在靠“并”无法完成国企改革任务后，不得不寻求“混”的帮助。2015 年年底以来，快速扩张后的渤海钢铁陷入了严重的债务危机，105 家银行金融机构参与的负债高达 1 920 亿元。渤海钢铁的生产经营随之陷入困境。

在解决渤海钢铁债务危机问题上，天津国资系统首先想到的是于 2016 年 4 月把经营状况相对尚好的天津钢管从渤海钢铁中剥离出来，变为天津市国资委直管企业。在经历了短暂的 6 年的“合”之后，天津钢管和其他三家再次进入“分”的状态。联想到历史上很多原本一家的国企为了提高竞争力，改善经营效率，把这些企业分为不同的企业；在时隔多年之后，为了实现做大国企的目的，又把它们以“拉郎配”的方式重新合并起来；如今，鉴于严重的债务危机和无法实现体制转换预期的现实，又不得不再次把它们分开。

从天津对天津钢管和渤海钢铁推出的新举措来看，一方面，在实体经济层面，把目前的渤海钢铁系列企业总负债 2 400 亿元分为钢铁主业、非钢主业两个平台予以处置。其中钢铁主业引入民资背景的德龙钢铁做战略投资者，进行混合所有制改革。另一方面，在国有资产管理体制上，天津国资委将所持有的天津钢管的股份全部划拨给天津国有资本运营平台的津联全资子公司渤海国资，实现国资管理系统从“管企业”向“管资本”

的转变。

我们知道，以“混”为特征的新一轮国资国企改革目前主要在两个层级上平行展开。其一是在国有资产管理体制层面上完成从“管企业”到“管资本”的监管职能转变。原来“管人管事管企业”的国资委通过改组和新建作为政府与企业界面的投资运营机构来参与实体企业的投资和资本运营，实现国有资产的资本化和所有权与经营权的有效分离。其二是在作为经营实体的国企层面在公司制改造的基础上，进一步通过引入战略投资者，实现所有制的混合，改善公司治理，建立现代企业制度。我们看到，在对天津钢管和渤海钢铁的改革思路经历了“并”带来的种种困顿后，天津地方国资委目前正沿着上述“混”的思路推进和展开。

在一定意义上，天津市的上述实践为我们在本书所强调的国企改革与其“并”不如“混”提供了很好的例证。事实上，只有通过“混”，才能引入盈利动机明确的民资背景战略投资者，形成主要股东之间的竞争，从而自动纠错，一方面形成所有权与经营权的有效分离，一方面实现经营机制的转换，建立长效激励机制。如同只有保持持续的对外开放，为改革提供源源不断的外在压力和内在动力，才能使改革持续深入推进一样，我们认为，只有不同所有制的“混”才能实现经营机制转换的“改”，只有“混”才能带来真正的“改”。“并”只能解决国企改革一时之痛，要想从根本上解决国企经营机制转换问题，只能通过“混”来实现。因而在国企改革路径选择上，我们强调，与其“并”，不如“混”。

被称为“央企混改第一股”的中国联通为通过“混”而实现经营机制转换的“改”提供了很好的例证。混改完成后，BATJ 和中国人寿等战略投资者在混改后的中国联通董事会 8 名非独立董事中拥有 5 名，创立了“股权结构上国资占优，但在董事会组织中战略投资者占优”的所谓“联通模式”。而之前在国有控股的上市公司中，连非国有的机构投资者委派董事的情形都凤毛麟角，更无法想象其委派董事占到大多数。中国联通董事长王晓初在 2019 年 4 月 23 日举办的 5G 创新峰会上表示，在混改后，中国联通无论思想、风气还是机制都发生了变化。我们不妨大胆设想一下，如果当初中国联通不是通过引入 BATJ 进行混改，而是走与中国电信等的合并之路，那今天看到的又会是怎样的联通呢？当然历史无法假设。

需要说明的是，今天一些国企所进行的“并”看起来也并非想象的那样一无是处。我们注意到，通过并购重组产业相近或相关的国企，可直接减少国资委直管的国有企业数量。这为未来把其他国有控股集团公司改组或重建为作为“政府与企业界面”的资本运营公司创造了积极条件，最终将有利于实现国有资产管理体制从“管企业”向“管资本”转变。

第 4 节

国企混改，我们应该选择与谁分担不确定性？

如果说企业日常经营涉及的债务融资决策主要涉及风险，那么，今天的国企改革更多地与不确定性连在一起。因而新一轮以混合所有制改革为主题的国企改革，很大程度上演变为选择与谁分担不确定性的问题。

美国经济学家奈特很早就对不确定性与风险做了区分。从本质上看，债务融资与权益融资金融属性的差异很大程度上体现在风险与不确定性的不同。为了很好地说明这一点，在讨论国企混改应该与谁分担不确定性之前，我们首先用发生在明清时期蒙古草原地区的两个故事来揭示风险与不确定性，进而分析债务融资与权益融资金融属性的区别。

第一个故事来自明清时期旅蒙商人在蒙古草原地区开展的

被称为“放印票账”的资金借贷业务。传说晚清权倾一时的亲王僧格林沁在离世后依然欠着晋商大盛魁不少于 10 万两白银的印票账。抛开印票账高利贷属性的一面，单纯从业务经营的角度来看，旅蒙商人所放的印票账总体还属于风险可控的范围。其一，抵押担保使得一个接受印票账的牧民在无法偿还债务时将面临自己的帐篷被拆掉，牛羊被牵走的可能；其二，基于过去业务开展的经验，旅蒙商人大体能估算出在所放印票账的 100 户牧民中通常会有几家无法到期偿还，甚至能够根据牧草当年的茂盛程度来对这样的家庭的数量在这一年中将增加还是减少做出推断。用数学的语言来说，旅蒙商人从事放印票账的风险的概率分布是可以测度的；或者用现代银行业务的术语来说，可以建立风险管理模型来对放印票账的风险加以识别和控制。

然而，让我们设想，同样是那个放印票账的旅蒙商人，如果他有一天应邀参加一位当地牧民的婚礼，向这位朋友“赠送”了数目可观的礼金，那么，他什么时候才能收回“这笔投资”就变成了完全无法事前确定的事。事实上，通过在亲朋好友之间互相“馈赠”礼金的方式在短期内筹集对于大多数贫穷的牧民家庭娶妻无法承受的高额聘礼是明清时期蒙古草原牧民的重要习俗。我们知道，即使在今天结婚也并不是一个人说了算的事。男方不仅需要征得女方的同意，还需要征得女方家庭，甚至女方整个家族的同意；而对于当时实行一夫多妻制的蒙古牧民而言，当这个旅蒙商人刚想着如何通过娶一个小妾收回早期

"投资"的礼金时，很可能对他来说十分不幸的是，那个牧民也许刚刚做出了娶第三个妻子的决定。于是，我们看到，与放印票账概率分布可以测度，一定范围内风险可控相比，向娶妻的牧民"馈赠"礼金的投资显然是无法测度和刻画概率分布的，当然建立风险管理模型对风险加以识别和控制更是无从谈起。

旅蒙商人向娶妻蒙古牧民"馈赠"礼金，或者换一个角度来说，该牧民以接受礼金的方式来筹措高额聘礼，更多涉及的是美国经济学家奈特所谓的"不确定性"，而不是类似于放印票账的风险。与旅蒙商人放印票账面对的风险相比，显然更加可怕的是向娶妻的牧民"馈赠"礼金的投资所面临的不确定性。因而，不确定性的分担被认为是金融更为实质的属性。

在讨论国企混改应该选择与谁分担不确定性之前，让我们首先了解国企混改未来将面临哪些不确定性。其一是来自原材料和市场的不确定性。工业互联网有助于利用互联网解决困扰国企原材料和市场的信息不对称问题，一度被认为是互联网时代继消费互联网之后的"下一个风口"。然而，原材料供给集中在少数几家企业所形成的不完全竞争，甚至垄断的市场结构使得相关企业缺乏加入工业互联网的激励。那么，作为"下一个风口"的工业互联网在哪儿？我们今天依然并不清楚。其二是来自研发和创新的不确定性。对于被誉为很好体现金融创新的"互联网金融"，我们经常会听到这样的说法，"做好了是互联网金融，做不好就是金融诈骗"。从金融创新到金融诈骗看似只有"一步之遥"。包括人工智能在内的研发和创新不仅涉及研发投入本身的成本收益核算，而且还面对社会伦理等诸多争议和挑战。而正在持续的中美贸易摩擦无疑为研发和创新带来了新的不确定性。其三是其他不确定性。例如国企如何实现提升企业效率和力保“避免大规模失业发生”的底线二者之间的平衡，而住房、医疗和教育中的一项或几项随时可能成为压垮中产阶层的“最后一根稻草”。

面对国企混改所面临的上述三个方面的不确定性，我们通过四个钢铁企业的金融故事来揭示国企混改应该选择与谁分担不确定性。

第一个故事来自与银行分担不确定性的东北特钢。2016年再度陷入债务危机的东北特钢提出新一轮的债转股计划，遭到债权人的反对。因而后来被媒体解读为“意外私有化”的沈文荣控股东北特钢实属当地政府为化解东北特钢债务危机所推出的无奈之举。在一定程度上，东北特钢债务危机是经济学家科尔奈几十年前观察到的银行贷款如何由于预算约束软化而将贷款一步步转化为呆坏账的情景再现。因而，我们倾向于把政府干预下的债转股理解为是披着市场化运作外衣的预算软约束。我们看到，能不能以债转股的方式使混改的国企实现与银行的不确定性分担，很大程度上取决于债转股是不是基于价值判断和投资者意愿的真正市场化行为。

第二个故事来自通过以当地企业合并方式进行“抱团取暖”式的不确定性分担的天津渤海钢铁公司。2010年天津钢管、天津钢铁集团有限公司、天津天铁冶金集团有限公司和天津冶金集团有限公司等四家国有企业合并组成渤海钢铁。在财务并表后的2014年，渤海钢铁一举进入美国《财富》杂志评选的世界500强企业榜单。然而，在时隔不到两年的2015年年底，快速扩张后的渤海钢铁陷入了严重的债务危机，负债高达1 920亿元，涉及105家银行金融机构。事实上，国资背景的煤炭、钢铁、有色等行业的500强巨头，绝大部分是整合而来的。那么，渤海钢铁又是如何化解新一轮债务危机的呢？一方面，把原来“合”起来的企业重新“分”出去。2016年4月经营状况相对尚好的天津钢管从渤海钢铁中剥离出来。另一方面，在钢铁主业引入民资背景的德龙钢铁做战略投资者，进行混改，重新回到国企改革“混”的思路上来。我们看到，与当地企业合并的所谓“抱团取暖”式的不确定性分担只是使国企真正面临的体制机制转换问题被暂时和表面的“做大”掩盖起来，不是使不确定性减少了，反而是使不确定性增加了。

第三个故事来自与优秀的同行分担不确定性的马鞍山钢铁。2019年6月2日马鞍山钢铁发布公告，宣告中国宝武对马钢集团实施重组，安徽省国资委将马钢集团51%的股权无偿划转至中国宝武。通过这次重组，中国宝武将直接持有马钢集团51%的股权，并通过马钢集团间接控制马鞍山钢铁45.54%的股份，成为马鞍山钢铁的间接控股股东。虽然通过上述重组，作为中国宝武的控股股东的国务院国资委成为马鞍山钢铁的实际控制人，笔者认为当地政府最终同意将马钢集团51%的股权无偿划转至中国宝武依然是下了很大决心的。这一事件也被一些媒体解读为近年来掀起的地方企业引入央企进行混改，在并购重组后实际控制人由地方国资委变更为国务院国资委的新一轮混改动向的标志性事件。同样值得关注的是，实施重组的马鞍山钢铁与控股股东中国宝武同属于钢铁企业，将面临“不允许上市公司与母公司开展同业竞争”等资本市场基本规则的挑战。当然，鉴于中国宝武对马鞍山钢铁的重组刚刚完成，马鞍山钢铁所推出的与优秀的同行分担不确定性是否真正有助于实现预期的国企体制机制转换还有待后续围绕基本公司治理制度改善的具体举措的进一步观察。

最后一个故事来自选择与优秀的战略投资者分担风险的重庆钢铁。2017 年年底，完成重组后的重钢实际控制人变更为由中国宝武、中美绿色基金、招商局集团和美国 WL 罗斯公司等四家公司平均持股的四源合。按照重庆钢铁董事长周竹平的说法，作为实际控制人的四源合“没有派去技术人员，也没有做除了维修以外的设施方面的投入，没有更换过工人、中层”，甚至连原来的外部董事也保留了，仅仅派了“5 名既不炼钢也不炼铁”的高管。在破产的路上走了十年的重庆钢铁，一年就实现“止血”，起死回生。

重庆钢铁重组的案例再次表明，国企混改需要解决的关键问题也许并非资源甚至市场，而是如何形成转换经营机制的动力。而重组后的重庆钢铁，不仅面临原来股东，还有债转股后的新股东，以及作为实际控制人四源合的巨大投资回报压力。尽快实现盈利成为落后经营机制转换的基本甚至唯一动力，多目标冲突等长期困扰传统国企的问题迎刃而解。

概括而言，重组后的重庆钢铁在实际控制人四源合的推动下，在公司治理构架上进行了以下两方面的调整。其一，基于市场化原则建立激励充分的经理人与员工激励机制。2018 年重组后重庆钢铁的 CEO 年薪为 553.91 万元，是重组前总经理年薪 54.89 万元的约 10 倍。《重庆钢铁高管薪酬激励方案》和《2018 年至 2020 年员工持股计划》等多少国企试图推进但往往无疾而终的激励方案在重庆钢铁重组后推出了。其二，回归到 CEO 作为经营管理决策中心，实现 CEO 和董事会之间的合理分工。我们知道，国企面临的主要问题之一是控股股东、董事会与经理人之间的边界模糊，所有权与经营权无法有效分离。重组后的重庆钢铁董事会明确授权 CEO 拥有机构设置、技术改造等事项的权力，甚至允许先操作后到董事会报批。而董事会则回归到选聘 CEO 和考核评价 CEO 这些基本职能。我们看到，在选择与谁分担不确定性的问题上，重庆钢铁通过引入盈利动机明确的优秀战略投资者，一举形成了转换经营机制的压力，凝聚了克服机制体制障碍的动力，最后汇成各方合作共赢的合力，成为重组后重庆钢铁获得新生的关键点和突破口。

现在我们简单总结一下这四家来自同一行业，面临债务危机的国企选择与谁分担不确定性来进行混改的故事。我们看到，东北特钢通过债转股选择与银行分担不确定性，这成为市场化运作外衣下的“预算软约束”，东北特钢最终无奈地走上“私有化”的道路。渤海钢铁通过将当地企业合并，选择“抱团取暖”

的方式来分担不确定性。然而，在经历了短暂的“做大”辉煌，渤海钢铁不得不重新走上“分”和更为根本的引入民资背景战略投资者的“混”的道路。被宝武实施重组的马鞍山钢铁选择的不仅是优秀的同行，而且是来自央企的同行，来分担不确定性。对于这一新出现的地方国企通过引入同行业央企进行混改来分担不确定性的做法的实际效果尚有待于进一步观察。而重组的重庆钢铁则选择与优秀的战略投资者分担不确定性，以此作为混改的关键点和突破口，一举形成了转换经营机制的真正压力，凝聚了克服机制体制障碍的现实动力，汇成各方合作共赢的合力，为重庆钢铁赢来了新生。

这四个国企混改选择与谁分担不确定性的故事清晰地表明，如同只有开放才能促进改革一样，在国企混改实践中，也许只有“混”，才能真正做到“改”；而与其“并”，也许不如“混”。

图书在版编目（CIP）数据

国企混改：理论、模式与路径 / 郑志刚著 . —北京：中国人民大学出版社，2020.1
ISBN 978-7-300-27662-5

Ⅰ. ①国… Ⅱ. ①郑… Ⅲ. ①国企改革－研究－中国 Ⅳ. ① F279.21

中国版本图书馆 CIP 数据核字（2019）第 258373 号

国企混改：理论、模式与路径
郑志刚　著
Guoqi Hungai: Lilun、Moshi yu Lujing

出版发行	中国人民大学出版社		
社　　址	北京中关村大街 31 号	**邮政编码**	100080
电　　话	010－62511242（总编室）		010－62511770（质管部）
	010－82501766（邮购部）		010－62514148（门市部）
	010－62515195（发行公司）		010－62515275（盗版举报）
网　　址	http://www.crup.com.cn		
经　　销	新华书店		
印　　刷	涿州市星河印刷有限公司		
规　　格	148mm×210mm　32 开本	**版　　次**	2020 年 1 月第 1 版
印　　张	10.5　插页 2	**印　　次**	2020 年 1 月第 1 次印刷
字　　数	204 000	**定　　价**	59.00 元